新幹線お掃除の天使たち

「世界一の現場力」はどう生まれたか？

早稲田大学ビジネススクール教授
（株）ローランド・ベルガー会長
遠藤功

あさ出版

はじめに

新幹線の車両清掃をしている会社が、数多くのツイッターでさかんにつぶやかれています。そのフォロワーは合計すると、数万人にも上ります。

「つぶやき」のいくつかをご紹介しましょう。

「清掃員の早技スゴすぎ！」

「新幹線の清掃隊かっけー！　整列からの一礼がビシッと決まってる！」

「新幹線清掃のおばちゃん、手際がいいだけでなく、礼儀もハンパない。マジ神」

いわゆる鉄道好きの方だけではなく、普通の方の「つぶやき」も多いようです。

「新幹線に乗るたびに思うけど、丁寧に車両内を清掃してテキパキと働く人たち。他の国ではここまでやらないよね。日本という国のいいイメージをつくっている人たちだな」

日本という国のよさだとまで認識している人もいるのです。

次のような「つぶやき」を見ると、彼ら、彼女らが単に手際よく清掃しているだけではないことも分かります。

「新幹線が遅れてみんながイライラしてる中、駅のスタッフさんが子どもにシールを配ってまわってる。こーゆーの大事だよね」

「新幹線の掃除の人みんなの帽子に桜の花がついてる。かわいい」

「新幹線の掃除のおっちゃんが帽子に鯉のぼり付の風車つけててなごむ」

「つぶやき」の対象となっている会社の名前は、鉄道整備株式会社。通称テッセイの名前で親しまれています。

テッセイは旧国鉄時代の昭和27年に設立されたＪＲ東日本のグループ会社。ＪＲ東日本が運行する東北・上越などの新幹線の車両清掃、東京駅・上野駅の新幹線駅構内の清掃などを主な業務とする会社です。

拠点は東京サービスセンター、上野サービスセンター、田端サービスセンター、小山サービスセンターの4箇所。約820名が勤務しています。

彼らのメインの仕事は、車両や駅内の「お掃除」です。

とても大切で、なくてはならないけれど、地味で、目立つことのない仕事です。

そうした「縁の下の力持ち」的な会社が、ツイッターだけでなく、多くのメディアでも取り上げられています。『日経ビジネス』では「最強のチーム」として紹介され、テレビ朝日の「スーパーJチャンネル」やテレビ東京の「ワールドビジネスサテライト」などでも放映されました。

新幹線の車両清掃会社が、なぜこれほどメディアの関心を集めるのでしょうか？

この会社で働く人たちはなぜ「お掃除の天使たち」とまで呼ばれるようになったのでしょうか？

掃除という行為、あるいは所作は、よく「無言の説法」と言われます。汚れたところを一心にきれいにしようとする姿は、周囲の人たちが思わず手を合わせたくなるほど尊く、気高いものだという意味です。

私たちがテッセイの皆さんの仕事ぶりに感銘を受けるのは、「無言の説法」を感じているからではないでしょうか？　私たちのために快適な空間をつくろうと、心を込めた仕事をしているのが、伝わってくるからです。

清掃してくれる人たちを見て、そう感じるところが日本人のとてもよいところでしょう。この感性を私たちは大切にしなくてはなりません。

しかし、清掃する側の立場に立ってみれば、話はまったく異なります。テッセイの皆さんにとって、清掃は毎日の仕事であり、自らの生活の糧を得るためのものでもあります。

時には嫌になったり、面倒だと思うこともあるはずです。普通に考えれば、清掃を仕事とする職場を活性化するのは、けっして容易なことではないと思われます。

経営する側の工夫や努力がなければ、「お掃除の天使たち」は生まれてくるはずもありません。

実は、テッセイには「エンジェル・リポート」と呼ばれる仕組みがあります。これは現場でコツコツと頑張っている人たちを、現場の上司や仲間たちが褒める仕組みです。テッセイの専務取締役である矢部輝夫さんから初めて「エンジェル・リポート」を見せていただいたとき、私は思わず目頭が熱くなってしまいました。

一つひとつは小さいけれど、清掃の現場で起きている「ちょっと素敵な話」の数々。そこには、仕事とは何か、働くとは何か、そして経営とは何かを改めて考える大きなヒントが詰まっているような気がしました。

清掃の現場で頑張る人たちの姿を「無言の説法」に終わらせず、ぜひもっと多くの人に知ってもらいたい！

それがこの本が生まれるきっかけとなりました。

この本はちょっと欲張りですが、プロローグと第1部、第2部で構成されています。プロローグでは、テッセイはそもそもどんな会社なのかをご紹介します。私自身がテッセイを初めて訪問したときの様子やおうかがいした話をもとに、テッセイという会社の「輪郭」をお伝えしたいと思います。

第1部では、この本のきっかけとなった「エンジェル・リポート」の代表的なストーリーをご披露したいと思います。テッセイの日常の現場で起きていること、テッセイのスタッフとお客さまたちとの交流など、「ちょっと素敵な話」を体感していただければと思っています。

そして、第2部ではこれほど注目されるテッセイという会社がどのように誕生したのかをひもといていきたいと思います。「お掃除の天使たち」が生まれてくるまでの会社としての取り組みを、時の流れに沿ってご紹介します。

「お掃除の天使たち」を通じて、「仕事」とは何か、「よい会社」とは何か、「最強のチーム」はどのように生まれるのかを考えるヒントになれば幸いです。

2012年夏

遠藤 功

女性がイキイキと活躍する会社
知恵を生む現場

第1部

「新幹線劇場」で本当にあった心温まるストーリー

～エンジェル・リポートから～

第2部

「新幹線劇場」はどのように生まれたのか？

～「最強のチーム」が誕生する2500日の物語～

イラスト　須山奈津希
写真　鉄道整備株式会社／鈴木宣久
協力　テッセイのみなさま

プロローグ

なぜ新幹線の車両清掃会社がこれほど私たちの胸を打つのか?

✦「お掃除の天使たち」が働く会社

この本の「主役」は、テッセイという会社で新幹線の車両清掃を主な仕事にしている人たちです。

掃除の会社、下請けの会社、おばさん・おじさんばかりの会社……。

一見、素敵なことなど起きそうもないと思ってしまう会社で、私たちの胸を打つ「ちょっと素敵なこと」が数多く生まれています。

新幹線劇場――テッセイではスタッフ一人ひとりが舞台の主役として、仕事の腕を磨き、会社の理念である「さわやか・あんしん・あったか」を創造しようと日々努力しています。

車両清掃の現場で生まれている、ひとつずつは小さいけれど、とても心温まる「物語」。

平凡な日常の中で生まれているこれらのエピソードは、私たちが忘れかけているいくつもの大切なことを思い出させてくれます。

そうした素敵なエピソードをご紹介する前に、「新幹線劇場」の舞台であるテッセイという会社がどんな会社なのか、その仕事内容はどんなものなのかを少しお話ししましょう。

新幹線の入線に整列して待機するエンジェルたち

「お掃除の天使たち」が1日に清掃を行う車両本数は約110本。車両数は約1300両にも上ります。

ゴールデンウイークや年末年始などのピーク時はさらに増加し、1日約160本に達します。

業務シフトは早組と遅組の2交代制。始発の6時から最終の23時までを1日11組が担当します。

1チーム（組）の基本編成は22名。各チームは、多いときには1日約20本の車両清掃を担当します。

早出、遅出はあるし、相当ハードに身体を動かす仕事。炎天下の夏や氷点下の冬はさらに過酷です。けっして楽な仕事ではありません。

従業員数は正社員、「パートナー」と呼ばれるパート社員を含め約820名。平均年齢は52歳。

女性比率は約5割ですが、管理職や現場リーダーである主任には女性が数多く登用されています。時に厳しいけれど、スタッフを見る目はいつもやさしく、温かい。母親のような包容力が、テッセイの現場を支えています。

✦提供するのは「技術サービス」

入社時は、全員がパート社員としてスタートします。そして、1年が経過すると、正社員採用試験を受けることができます。

現在の正社員比率は約50%。会社としては正社員比率を70%程度にしたいと考えていますが、清掃という仕事に馴染めない人、安易に考えている人も多く、なかなか比率は高まりません。

1年で200名近く採用しても、1カ月で半数近くは辞めてしまうそうです。

テッセイではパート社員を技術サービス担当、正社員を技術サービス係と呼んでいます。単なる清掃を行っているのではなく、快適空間を創造する「技術サービス」を提供すると位置付けられているのです。

清掃など誰でもできると甘く考えていたのでは、とても勤まりません。「新幹線劇場」など格好よく名付けてみても、現実はきれいごとですむような仕事ではありません。

だからこそ、残った人たちの意欲はとても高いとも言えます。

「お掃除の天使たち」がどのような仕事をしているのかをご理解いただくために、実際に私がテッセイを訪問したときの様子をご紹介したいと思います。

✦「最強のチーム」との出会い

私がテッセイを初めて訪問したのは、２０１１年７月のことでした。

以前からお世話になっているＪＲ東日本代表取締役副社長の石司次男さんに、「どこか面白い現場はありませんか？」と尋ねたところ、「うちのグループ会社で、鉄道整備という面白い会社があるよ」とテッセイをご紹介いただいたのです。

私は企業の現場訪問をライフワークにし、長年「現場力」を研究していますが、清掃を主業務にしている会社の現場を訪問するのは初めてのことでした。

東日本大震災からまだ４カ月ほど。節電の影響で照明を落としているためか、それとも先の見えない不安を私自身が感じていたからか、どこか薄暗いと感じる東京駅八重洲北口で、専務取締役の矢部輝夫さんに出迎えていただきました。

挨拶もそこそこに、矢部さんの案内で東京駅構内にある東京サービスセンターを訪ねました。

部外者立入禁止の扉から迷路のような細い通路を通り抜けると、そこに東京サービスセンターの指令室がありました。

テッセイのトレードマークである赤いジャンパーを着たスタッフの人たちが、仕事に向かう前の点呼や準備を慌ただしく行っています。

最初に心和んだのは、初めて訪問する私にも、きさくに「こんにちは」と声を掛けてくれたことでした。

テッセイの皆さんは「笑顔を心掛ける」ことをとても大切にしているのだと後でうかがいました。

どの笑顔も、無理がなく、とても自然で感じのよいものでした。

大震災や原発事故の影響で、日本全体が沈んでいる中、テッセイの人たちは「こんなことで負けていられない。元気を出そうよ！」と、飛び切りの笑顔でみんなを応援しているように見えました。

✦魅せる清掃

早速、矢部さん、取締役所長である柿﨑幸人さんの案内で、テッセイの「現場」を見学させてもらいました。

東京駅の東北・上越新幹線などの折り返し時間はわずか12分。降車に2分、乗車に3分かかるので、清掃にさける時間はわずか7分しかありません。

その間に、車両清掃、トイレ掃除、ゴミ出し、座席カバーの交換、忘れ物のチェックなどを完璧に終える。それがテッセイの車両清掃チームの任務です。

全国各地への出張で毎週のように新幹線を利用する私にとって、新幹線の車内清掃はよく見かける光景です。「キビキビと働くな」とか「赤いジャンパーは目立つな」といった漠然とした印象は持っていても、その仕事ぶりをまじまじと見ることはありませんでした。

しかし、実際に列車内に乗り込み、この目でその様子を目にすると、想像を超える仕事ぶりに驚かされました。

7分間ですべてピカピカにしてしまう

1チームの基本編成は22人。お客さまが降車を終えると、すばやく車内に入り込み、てきぱきと自分の持ち場での仕事にとりかかります。

乗客として駅のホームで乗車を待っているときには、7分は長く感じられますが、清掃する立場からすれば7分はアッという間。

その限られた時間内に、おざなりの清掃ではなく、快適な空間を整えなくてはならないのです。

のんびりとした気持ちで清掃をしていたのでは、とても終えることはできません。

普通車は原則1両を1人で担当します。客席数は約100。約25mの車両を突っ切り、座席の下や物入れにあるゴミをかき集めていきます。

ボタンを押して、座席の向きを進行方向に変えると、今度は100のテーブルすべてを拭き、同時に窓のブラインドを上げたり、窓枠も拭いたりします。座席カバーが汚れていれば、それを交換するのも彼らの仕事です。

その仕事ぶりを監督するのは、現場のリーダーである主任とベテラン社員。仕事が遅れていたり、不慣れな新人がいる場合には、見守っているだけではなく、ただちに助け船を出し、最後の確認作業まで行います。

トイレ掃除に携わるスタッフもいます。どんなにトイレが汚れていても、7分以内で完璧に終えなくてはなりません。時には、ひどい汚れがこびりついていることもありますが、それでも彼らは与えられた任務を完遂します。

列車ダイヤの乱れで、新幹線の到着が遅れることもままあります。そんなときは7分という時間さえ確保できません。間に合わないと判断すれば、詰め所にいる他のチームが助っ人として急行します。

世界最速と言われる「魅せる清掃」。そのチームワーク、そして一人ひとりの責任感、プロ意識に私はすっかり魅せられてしまいました。

✦礼に始まり、礼に終わる

多くの人がテッセイに魅せられる理由は、その「プロの仕事ぶり」だけではありません。

テッセイの車両清掃チームは、担当する列車が入線する3分前にホームに到着し、ホーム際に一列に整列します。そして､列車がホームに入ってくると深々とお辞儀をして出迎えます。

清掃のために列車に乗り込む際も、降車するお客さまへの一礼は欠かしません。お客さま一人ひとりに「お疲れ様でした」と声を掛けます。

さらに、7分以内で清掃を終えたチームは整列し、ホームで乗車を待っているお客さまに「お待たせしました」と声を掛け、再度一礼をし、次の持ち場へと移動していきます。

この「礼儀正しさ」に多くの人がなんとも言えない清々しさを感じています。


清掃の会社なのだから、清掃だけをきちっとやればいい。お辞儀やお客さまへの声掛けは私たちの仕事ではない。

中には、そう思う人がいても不思議はありません。実際、テッセイでもかつては反発する人もいたそうです。

しかし、「自分たちの仕事は清掃だけではない。お客さまに気持ちよく新幹線をご利用いただくことだ」とみんなが理解し、納得したときに、テッセイの現場は大きく変わり始めました。

到着する列車への一礼、降車するお客さまへの一礼、そして乗車するお客さまへの一礼。そこにはお客さまへの感謝の気持ち、長旅の疲れを労わる気持ち、これからの旅の無事を祈る気持ちがこもっています。

てきぱきとした「プロの仕事ぶり」。そして、「礼儀正しさ」。

とてもシンプルなことですが、その姿は間違いなく人の心を揺さぶります。いや、シンプルだからこそ、私たちが普段忘れかけている何かを思い起こさせてくれるのです。

特に、大震災後にはテッセイの仕事ぶりを見て、励まされた人たちがたくさんいます。車両清掃中は「おそうじ中です」という表示札が扉にかけられますが、大震災後には「がんばるぞ! 日本」という言葉も一緒に掲げられました。それを見て涙ぐんでいる女性を私も見かけたことがあります。

あの当時、東北新幹線は「被災地列車」でした。さまざまな思いを胸に被災地へ向かう人たちが感じる何かを、テッセイのスタッフたちは「発信」していました。そして、それは間違いなくお客さまたちに届いていました。

✦女性がイキイキと活躍する会社

現場を見学させていただいた後、再び東京駅プラットホーム下の迷路を辿り、会議室に戻りました。そして、矢部さん、柿﨑さんからこれまでのテッセイの取り組みについて詳しくお話をうかがいました。

メディアに登場するテッセイは、7分間で完璧に清掃する「世界最速」の清掃会社、列車の入線時や清掃の前後に一礼を欠かさない「礼儀正しい」会社として取り上げられます。しかし、それはあくまでも外から見たテッセイの姿です。

実際に、テッセイの内部で何が行われているのか。どんなことが起きているのか。「新幹線劇場」の舞台裏を知ることはとても興味深いことでした。

まずは、テッセイのこれまでの取り組みの概要、そして組織編成について説明を受けました。

先ほど触れたように、テッセイでは全員がパート社員としてスタートします。1年経過すると、正社員として採用される資格が与えられ、試験を経て正社員となります。

正社員を2年以上経験し、試験に合格すると「主任」となります。テッセイ全社で約90名の主任がいます。現場リーダーである主任が、テッセイの要と言っても過言ではありません。

主任を3年以上経験すると、さらに試験があり、「業務総括主事」という管理職に登用されます。テッセイ社内では、略して「主事」と呼ばれています。そして、副課長、課長へと昇進していきます。

こうした役職とは別に、「インストラクター」「チューター」という役割が設定されています。インストラクターは人材教育や指導を担当し、チューターは現場の統括責任を担っています。共に、主事やベテランの主任が任命されます。

テッセイは女性が活躍する会社です。東京サービスセンターの役職者を見ると、47名の主任の内、26名が女性と過半を占めます（平成24年2月1日時点）。

主事にいたっては、20名の内17名が女性。10名の副課長の内の3名も女性です。

もちろん男性陣も奮闘していますが、女性が大きな戦力として輝いているのがテッセイの大きな特徴です。

✦知恵を生む現場

矢部さん、柿﨑さんの二人は経営陣としてテッセイを現場主導のボトムアップ型の会社にしたいと考えました。一人ひとりが主役となる「全員経営」を目指そうと目標を掲げたのです。そのためにはある程度の年数をかけて段階を踏み、じっくり取り組む必要がありました。現場が一生懸命毎日の仕事に励むだけでなく、さまざまな知恵やアイデア、創意工夫を生み出し、それが業務改善やサービスの向上に大いに活かされる。そんな自主性、自発性の高い現場をつくりたいというのが二人の思いでした。

そして、経営と現場が一体となった粘り強い取り組みによって、テッセイは「知恵を生む現場」へと変身しました。

管理職である約30名の主事、現場リーダーである約90名の主任たちが中心となり、全社約820名のよいところを最大限に引き出し、活かすことに取り組んでいます。

たとえば、小集団活動や提案活動がとても活発で、清掃業務や案内業務の改善が日常的に

夏期はハイビスカスの花飾り

行われています。テッセイだけでは対応できないコンコース内の多機能トイレやベビー休憩室の設置は、親会社であるJR東日本に働きかけて実現させています。

お客さまに季節を感じていただくための、さまざまなキャンペーンのアイデアも現場から出され、実施しています。ツイッターでつぶやかれている帽子についている桜の花や鯉のぼりも、現場の発案です。

テッセイの代名詞でもある「一礼」やチーム一列での整列出場・退場も、現場の自発的な取り組みで徹底され、定着しています。

テッセイの現場は、与えられた仕事をこなすだけの現場ではありません。「もっとよくなるはずだ」「もっといろいろなことができるはずだ」と現場が信じ、現場の目線で知恵やアイデアを生み出す。そして、それを自分たちが率先して実行に移す。

まさに、私が長年研究している「現場力」のお手本がここにあったのです。

テッセイとは「現場力」に満ちた会社です。

そしてその「現場力」は、新幹線を利用する人々との間で、あるいは仲間同士で、心温まるストーリーをつむぎだしているのです。

第1部では「エンジェル・リポート」で報告されたその一端をご紹介したいと思います。

さあ、「新幹線劇場」の開幕です。

第1部

「新幹線劇場」で本当にあった心温まるストーリー

~エンジェル・リポートから~

エンジェル・リポート
NO.1

真っ赤なプライド

60歳を過ぎて、私はこの仕事をパートから始めました。

親会社はJRだし、きちんとしているし、早い時間のシフトにしてもらえれば余裕を持って家事もお稽古事もできるし。

それに掃除は嫌いじゃありません。

でもひとつだけ「お掃除のおばさん」をしていることだけは、誰にも知られたくなかったんです。

だって他人のゴミを集めたり、他人が排泄した後のトイレを掃除したりするなんて、あまり人様に誇れる仕事じゃないでしょう。家族も、嫌がりました。

「お母さん、そんな仕事しかないの？」

30歳になる娘はそう言いました。3歳になる孫の洋服を買ってあげるのはいつも私なのに。

「親類にバレないようにしてくれ」

中堅商社に勤めていて退職し、今は知り合いの食品会社でバイトしている夫にもそう言われました。あなただってバイトじゃないの。しっかり再就職してくれたら、私だって働かなくてもいいんだけど。そう言い返したいところですが、そんなことを言ったら大変なことになります。「おまえはあのときこうだった」みたいな昔のことまでぐちぐち言われたくないし、私はあまり意見をしたりするのが得意ではないのです。それに、どうしても働きたかったんです。自分で自由に使えるお金が欲しかったし、それに働き始めると、周囲もいい人が多くて、なかなか楽しかったからです。赤いジャンパーの制服も、ちょっと若返ったような気がして、私は気に入っていました。

車内の清掃だけをしていたらいいのかと思っていたら、ここの人たちはまったく違いました。

自分の持ち場が終わると、さっと移動して、まだ終わっていない場所を手伝います。ホームで困っている人がいたら、自分から声をかけて助けます。

あるときもL編成の14号車付近で待機していたら、ものすごく大きな荷物を引きずるように運んでいる70代くらいの女性がいたので、私たちは思わず顔を見合わせてうなずきました。

組の中で一番長く働いているS先輩がまっさきに飛んでいきました。

「お客様、何号車にお乗りですか?」

「14号車です」

「では私たちの清掃作業が終わりましたら、車内にお運びしましょうか?」

その女性は一瞬、きょとんとして私たちを右から左へと見ました。

「そんなこと、お願いしていいの?」

「もちろんです。しばらくお待ちください」

私たちは清掃作業をすませ、その後、その女性の荷物を二人がかりで持ち上げて、車内にお運びしました。

「本当にありがとうございました。助かりました」

何度も頭を下げ、窓ガラス越しに私たちに微笑んでくださる女性を一同、礼をして見送りました。

Sさんが私に言いました。

「よかったわね」

「はい。でもすごく重かったですね。降りるときも大変ですね」

「そうね。どなたか迎えに来てくださってるといいわね」

私も本当にそう思って、うなずきました。

そんなことが重なるうち、この仕事をいっそう好きになっていったのです。

でもなかなか、S先輩のように自分からお客さまに声をかけることができませんでした。

そんな私が声を上げざるを得ない出来事が起こったんです。

一人立ちして2カ月ほど経った、ある朝のことでした。9時44分、4号車を担当するために待機していると、60代くらいの男性が、黄色い線の誘導ブロックの外へ出て立っていらっしゃったのです。

その人の少し疲れた、ぼんやりした様子がなぜか胸に迫りました。とにかく、危険だから言わなければ。

私は気がつくと、駆け寄っていました。

「お客さま、間もなく新幹線が入ってきます。危険ですので、黄色い線までお下がりいただけないでしょうか?」

その人ははっとした様子で、2歩ほど後ろへ下がりました。

「ああ、気がつかなかった。考え事をしていました。ありがとう」

私は「ありがとう」という言葉に、思わずまた自分も同じ言葉を口にしていました。

「ありがとうございます」

そして、くるりと回れ右をして、持ち場へ戻ったのでした。


家に戻って、初めて職場の話を夫にしました。

「本当に危ないのよ。新幹線はホームに入ってくるときも、最初は70キロくらいの速度があるの。接触したら、大けがをするのよ。だからあなたもホームでは気をつけてくださいね」

「へえ」

夫はご飯を食べていましたが、ふと箸を止めました。

「そんな速度なんだね。飛ばしてる車くらいあるじゃないか。そりゃ気をつけないと危ないな」

そして初めてこう言ってくれました。

「よく考えたら、けっこう危険もあるな。おまえも気をつけろよ」

私はうれしくなって、慌てて立ち上がって冷蔵庫を開け、おかずがもう一品ないかと探したのでした。

仕事も少し速くなり、周囲の人とのお弁当の時間も楽しくなっていった1年目の春、私を変える大きな事件が起きました。

連休間近。その日から桜の造花を帽子の横につける日でした。

「あら、似合うわよ」

「ミス桜みたいね」

「ふふふ、桜ばばぁね」

「大丈夫よ、桜ねえさんくらいで」

男性社員も桜をつけて、ちょっと照れくさそうです。

「Tさん、歌舞伎役者みたいよ」

「遠山の金さん、くらいかな」

冗談を言い合って笑っていたものの、ホーム上では毅然として整列し、お辞儀します。

そのとき、車窓のガラス越しに、目が合った人がいたのです。

「あ、ヨウコさん」

それは夫の妹の顔でした。その横には肩をちょんちょんと叩かれて振り向いた夫の弟も。

見られた……。

私、新幹線のお掃除をしているところを見られちゃったんだわ。

複雑な思いでした。自分の中ではもうやりがいのある仕事だと思い始めていたからです。でも、世間の人はそうは思わない、きっと。特にプライドの高い夫の兄弟たちは。

そう思うと、恥ずかしさと、夫への申し訳ない気持ちがふつふつと湧いてきました。

1週間ほどした夜、食事が終わった頃に、電話が鳴りました。

私が出ると、夫の妹からでした。

「働いてるとは聞いていたけど、おねえさんがあんなに立派な仕事してるなんて思わなかったわ」

義妹は本気で言っているようでした。

「東北新幹線のお掃除は素晴らしいって、ニュースでもやっていたの、見たの。ずっと家にいたおねえさんがあんなふうにちゃきちゃき仕事する人だなんて思わなかった。

すごいじゃないですか」

私はうれしくてうれしくて、なんて返事していいのかわかりませんでした。

翌年、私はパートから正社員への試験を受けました。

面接で社員になりたい動機を聞かれ、親類に隠していた話、少しずつ仕事に誇りを持てるようになった話をして、こう締めくくりました。

「私はこの会社に入るとき、プライドを捨てました。でも、この会社に入って、新しいプライドを得たんです」

役員の方たちはにっこり笑って、うなずいてくださいました。

真っ赤なジャンパーを着て、私は今日も駅のホームにいます。

桜の小枝を帽子につけたその後は、鯉のぼり。夏になると、浴衣で清掃作業する日もあったりします。

ここは旅する人たちが日々行き交う劇場で、私たちはお客さまの旅を盛り上げるキャストなのです。

昨日は電気系統の事故があり、列車が遅れて、スタッフはホームで待機していました。列車の遅れで一番お困りになるのはお客さま。私たちはそれを気遣う気持ちと緊張でいっぱいでした。

そんなとき、背後から同年代の女性グループが声をかけてくださったのです。

「きれいな赤ですね」

お客さまの言葉に、心の中がすーっと柔らかくなっていく思いがしました。私たちはお客さまを助けるばかりじゃない。こうして助けられることもあるんだと。

「ありがとうございます」

お辞儀をすると、そのうちの一人の女性が手を振ってくださいました。

「いつもありがとうね」

私はなんとも言えない気持ちで、また頭を下げていました。

そのとき、新幹線がホームに入ってくるとアナウンスが入りました。

さあ、いい旅をしていただこう。

私たちは降車する人たちを出迎えに、胸を張って整列しました。

真っ赤なプライドで、一つになって。

車両のデッキ出口で、
前のお客さまが落とされたゴミを
後ろのお客さまが拾い、
ゴミ受けに入れてくださいました。
気持ちを込めて
「ありがとうございます！」と言ったら、
笑顔で
「こちらこそありがとう」と言われました。
たったそれだけのことでしたが、
一日さわやかな、気持ちのよい日でした。

エンジェル・リポート

NO.2

ピカピカのトイレ

この仕事を始めて16年目になります。

以前はスーパーの中で漬け物屋さんをしていました。商売が行き詰まり、掃除は大好きだったから、この仕事に就きました。自営だったので、外へ働きに出るのは初めてでしたから、少し不安はありました。

特に人間関係が難しいところは嫌だなあと思って。でも限られた時間でさっさと掃除するのだから、かえってコミュニケーションもそんなになくて楽かもしれないという気持ちもありました。

今はむしろ、コミュニケーションがいっぱいあって楽だな、という気持ちに変わりましたけれど。

16年の間にずいぶんいろんなことが、会社も含めてよくなっていった気がします。

会社も好き。掃除も好き。そう言い切れます。

私は今、トイレの清掃を担当し、指導する立場になりました。

トイレの担当って「みんなやりたがらないんじゃないの？」と思われるかもしれませんが、そうでもないんです。ある程度、全体の清掃にも慣れ、熟練してきた人だか

らこそ、トイレを任されるんです。

インストラクターが「あの人、よくなってきたね。そろそろ、トイレ、いいんじゃないの?」と、判断するんです。自分から「トイレ、やらせてください」と言う方もいます。賃金も若干高くなるんです。

1台の列車が着くと、以前は一人で2車両のトイレを担当していたんですが、それはとても無理だということで、今は一人1車両になりました。

新幹線のトイレはとても汚れていることが多いのです。

朝7~8時台はまだきれいです。でも遅番の人は本当に大変なんです。出張帰りなどで、ついつい飲みすぎるお客さまもいらっしゃいますからね。

ひどいトイレをいっぱい見てきました。どうしたらそんなに汚せるのか、不思議になるくらいです。

汚物があふれかえっている日。詰まってあふれている日。男性の小用のトイレに、なぜか大便がある日…。驚かれるかもしれませんけれど、そういうことも珍しくはないんですよ。

トイレットペーパー以外のものを流されて起こる便器の詰まりは、しょっちゅうあります。

慣れないパートさんが真っ青になって巡回している私を呼びに来ます。

「どうしましょう。道具を使っても流れません…」

そういうときは、ビニール袋を二重にして手を入れて引っかき回せば、たいていなんとかなるとやってみて教えます。

「トイレ担当はこれくらいはやらないとね」

「はい……」

パートさんの気持ちもわかります。ビニール袋が破れないとも限りません。

とにかく、慣れ、です。多少、自分の手が汚れることがあっても、便器がピカピカになればそれでいいのです。

どうしても流れないときは、ＪＲに申告して「使用禁止」にしてもらいます。

でもなんとか直したいという気持ちが大事なんです。

熟練した人は、便器の台座まではずしてきれいにする人もいます。そこまで強制したことは一切ありませんが、この仕事を続けるうちに「どんなに汚れていてもピカピカに戻す」という気持ちがどんどん強くなってくるんでしょうね。

ちなみに新幹線で使っているトイレットペーパーの長さは60メートル。

一人平均3メートル使用するようです。

だから、芯から計った幅が1センチになったら、交換することにしています。

その残り1センチのトイレットペーパーは、事務室で私たちが使わせてもらっています。

到着列車の作業中のことです。
お客さまに声をかけていただきました。
「以前、あなたがたが清掃する姿を見ていました。
動きの速さに驚き、乗車したら車両はさっぱりとしてきれいです。
素晴らしいですね。
もう一度会えたらいいなと思っていましたら、
今日、会えました。
あなたがたのグループは素晴らしいです。
よく新幹線を利用していますので、
これからもよろしくお願いします」
私たちは一列になって頭を下げて、
その言葉を胸にいただきました。

エンジェル・リポート
NO.3

酔っぱらいの簀《す》巻《ま》き

数年前、車内の清掃を担当していたときの話です。

その夜は団体のお客様も多く、酔っぱらっている人は一人や二人ではありませんでした。おそらく、床にはビールもこぼれているでしょうし、ひょっとしたら座席で吐いてしまった、なんていう人もいそうです。

「×号車、団体でーす」

無線で連絡すると、コメットさんたちも座席背もたれの白カバー、通称「もたれ」を大量に持ってきてくれることになっています。

すべての降車が完了したかに見え、私は肩に清掃道具の入った青いバッグをかけ、車内に乗り込みました。

さあ、やるぞ。

そう思った矢先です。

後ろから誰かが、私のズボンの後ろポケットに手を突っ込み、引きずり下ろそうとしたのです。

「えっ」

驚きのあまり、キャー、という声も出ませんでした。

振り向くと、酒臭い男性が抱きついてきました。まだ30代でしょうか。そんなにがたいのいいタイプではありませんが、私よりも10センチくらい背が高いし、なんといっても男性の力です。私はもう60歳ですから、よく見ればがっかりだったはずなのに、よほど酔っぱらっているのでしょう。

「や、やめてくださいっ」

精一杯はねのけました。

「なんだ、こいつ…」

とろんとした目でまた向かってこようとしますが、足元もフラフラしていて、座席の肩に寄りかかっています。

私はそのとき、真っ先にこう考えていました。

――まずこの人を降ろさないと、お客さまが乗せられない！

自分の身が危ない、とは不思議なほど考えなかったのです。この人を降ろす。そしてお掃除をして、お客さまを乗せる。それが私の仕事だから。

そのとき、やっと声が出ました。

「誰か、助けてーっ」

異変を感じた仲間が駆けつけてくれました。ブルーシートを持ってきてくれたその仲間と私は、目で合図し合いました。

「失礼します!」

そして私たちは、酔っぱらったお客さまをブルーシートでぐるぐる巻き始めたのです。

「な、なんだこのやろう」

ブルーシートで簀巻《すま》きになった酔っぱらいのお客さまを降車させ、ホームの男性コメットに頼みました。

「この方、酔っぱらっていらっしゃって。私のズボンを下げようとされたんです」

「わ、わかりました」

私は連れていかれるお客さまに向かって一礼すると、慌てて車内に乗り込み、清掃を始めました。

仲間たちがあっという間に集まってくれ、予定時間内に清掃することができました。

清掃が終わり、ホームに並んで一礼すると、気が抜けたようになりました。

「大丈夫でしたか?」

「がんばりましたね」

後で上司に報告すると「そこまで我慢しなくても」と心配してくださいました。

「いろんなことがあるね」

「新幹線は生き物ですからね」

私はふっと口から出たその言葉に、自分で納得しました。

不安そうな顔で、
エスカレーターの先を見つめておられるお客さまがいらっしゃいました。
「どうなさいましたか？」
「今、子どもたちが二人だけで『やまびこ』に乗るんです。
おにいちゃんに小学校5年生だから、
見送りはここでいいと言われたのですが、
心配で……」
私はお二人が乗車するという列車を聞き、号車位置まで見に行きました。
おにいちゃんは弟の手をしっかり握っていました。
私はお母さまの元へ戻り、報告しました。
「大丈夫です。お二人はちゃんと並んで待っていましたよ」
お母さまは安心した様子でお帰りになりました。

エンジェル・リポート
NO.4

わたしの仕事はおかあさん

足掛け17年ですが、ずっと上野にいたので、東京に来たときは人酔いしましたねえ。上野には上野のやり方がありまして。地下3階がコンコースになっていて、運動場のような感じなんです。地下4階にホームがあります。

地下3階のコンコースの清掃、トイレの清掃は長く担当していました。コンコースは広いので、車みたいな機械を使います。そういう技術も覚えました。

東京駅での担当になったときは、6キロ痩せました。時間管理や危機管理など緊張するものだらけですから。

新幹線が遅れて入ってきても、遅れて出せないですからね。

今、主任をしています。22人の組に主任が3人。また痩せそうでしょう。えっ、私、痩せてませんか（笑）。

主任になると、後から入ってくる人たちの面倒をみる、という仕事も大事なんです。いろんな人が入って来ますからね。私のように主婦しかしたことがなかったおばさんもいれば、まだ20代、30代の若い人も入ってきます。男性もいるし、女性もいます。

2年前くらいのことです。

22、23歳のおとなしい男性が入って来たんです。色白で細面。ヒゲも薄いような、今どきの男子ですね。ちょっと猫背で、普通に動くのは動くんですけど、まず、とにかく挨拶ができなかったんです。

専務は常に自分からでも挨拶してくださるような方ですから、「おはよう」と声をかけてくださっても、本人は黙って、うなずいたのか、会釈したのかわからないような。

たまりかねたように専務が私におっしゃいました。

「あの子、大丈夫かね……」

でも私は、彼が人が言ったことは一生懸命やる性格だということは見ていました。車内の清掃に関しては、まだそんなにさっさとできるというほどではないけれど、本当に丁寧なのです。

「あの、これ、落ちてました」

と、シートの隙間に落ちていた鍵をおずおずと持ってきてくれたこともありました。ただそういうときも、本当に声の小さい子なのです。

そのときのことを思い出し、私は専務に言いました。

「専務、すみません。あの子にはいいところがいっぱいあるんです。もうちょっと見て上げてもらえませんか？」

「そうですか。じゃ、頼みますよ」

専務はうなずいてくださいました。


私たちはみんなで、彼にどんどん声をかけるようにしました。

「おはようございます」

「今日は元気？」

「朝ご飯、食べた？」

最初、彼は戸惑っているふうでした。何か聞かれると「はい」とか「ええ、まあ」とか言っていましたが、そのうち「おはようございます」と返せるようになりました。

「挨拶してくれてうれしいわ」

「もっと大きな声で言ってくれたら、元気なこともついでにわかるのよ」

彼は「ああ、そうか」とわかったらしく、それから少し大きな声で挨拶を返してくれるようになりました。

相変わらず、自分から人に話しかけることはありませんでしたが。

そんな彼に、もう一つ、難問が持ち上がったのです。

私たちはミーティングで『スマイル・テッセイ』という心構えが書かれたテキストを読み上げることにしています。

順番に誰かが読み上げ、それをみんなで聴いて、働く気持ちや安全への心構えを確認し合うのです。

その日は、初めて彼もその『スマイル・テッセイ』を読むことになっていました。ところが自分が読む番になると「おなかが痛い」と言っていなくなってしまったのです。

トイレから戻ってきた彼は、何食わぬ顔をしています。

「おなか痛いのは大丈夫？　もう帰る？」

私は本当に心配して尋ねました。すると、彼はちょっと伏し目がちになって言いました。

「大丈夫です」

あら、そう、とその日は、そのままになりました。

ところが、次に彼が読む当番の日も、彼は額に少し汗を滲ませて言うのです。

「すみません、ちょっとおなかが痛くなっちゃって…」

私は、はっとしました。

以前にも同じような人がいたからです。その男性は30代後半のKさん。あがり症で、人前で発言したり本を読むことができず、苦労した男性でした。


「Kさん、ちょっとお話があるんです」

「なんですか？」

「あの、新しく入った彼のことなんですけど」

「ああ、あの、おなかが痛くなった彼ですね」

Kさんは、にやっと微笑みました。それ以上あまり説明しなくても、わかったようでした。

「最初の頃の、ぼくと同じですね」

「いえ、あの…。はい、まあ」

私は、言いたいことを見透かされて苦笑いしました。Kさんは快く彼への指導を引き受けてくれました。

「わかりました。彼の話を聴いてみます」

私はその言葉に、きっと大丈夫だと自分に言い聞かせていました。

そして、あがり症の彼にはこう言いました。

「自信を持てるようになってからでいいから。読んでくださいね。あなたが読んでくれるのを聴きたいから」


それから、わずか1週間後のことです。

Kさんが言いました。

「もう大丈夫でしょう。彼に読んでもらいましょう」

彼は立ち上がり、ふーっと深呼吸しました。そして、Kさんの顔をちらっと見て、テキストを目の前にかざしました。

そんなに大きな声ではありませんでした。

つっかえ、つっかえでした。

でも彼は今、一人で立派に、『スマイル・テッセイ』を読み上げたのです。

その途端、大きな拍手が起こりました。

私は涙が出そうになって、Kさんの顔を見ました。

Kさんはにっこり笑っていました。

ミーティングが終わって、私はKさんにこっそり聞きました。

「どうやって彼に自信を持たせてくれたんですか？」

Kさんは「男同士の約束です」と微笑んでいましたが、ひと言だけ言ってくれました。

「みんな、仲間だから。みんな本当はあがってるんだよ、って」

彼はそれから、自分から進んで人に声をかけられる人になりました。

まるで自分の息子が成長したような気持ちです。そんな気持ちを味わえて、彼にもKさんにも心からありがとうと言いたいです。

私の仕事は、ここでもおかあさんなのかもしれません。

21番線で車内清掃作業中、
ホームから熱心に作業を見ている
海外からのお客さまがいらっしゃいました。
作業終了後、整列、退場の一礼をすると、
ホームで待っていた30人くらいの海外のお客さま全員から
大きな拍手と歓声をいただきました。
見えているからがんばるわけではありませんが、
見えているからもっともっとがんばらなくてはとも思います。

第1部
「新幹線劇場」で本当にあった心温まるストーリー
〜エンジェル・リポートから〜

エンジェル・リポート
NO.5

グレーのハンチング帽

駅という場所では、体の不自由な方をお見かけすることがしばしばあります。そういう方が新幹線に乗ってどこかへ出かけようとするのには、きっと特別な出来事があるのだろうなあと思います。どうしても会いに行きたい人がいるとか、どうしても行ってみたい場所があるとか……。

冬のホームは寒く、そういうお客さまが右往左往されているのは、見ていてせつないものです。

私たちは困っているお客さまをなるべく早く見つけ出し、ご案内することにも心を注いでいます。

12月も半ばのある月曜日、第1ホームB階段付近を通りかかったコンコース担当の私は、I主任からの呼びかけをもらいました。

「Kさん、今、お手隙ですか。ホームに目の不自由なお客さまがおられます」

「あ、あの方ですね。了解しました」

私はお一人で細い白い杖をついている、70歳くらいの男性を見つけました。グレーのハンチング帽をかぶって、リュックサックを肩にしょっておられました。

「駅の清掃を担当している者です。どちらまでいらっしゃいますか？」

「越後湯沢です。すみません。何度か行ったのでわかると思ったのですが。前回は連れがいたものですから」

「そうですか。乗車位置を調べますので、切符を見せていただけますか？」

お客さまはコートのポケットから切符を取り出しました。何度か握りしめたようで、角は少し曲がっていました。誰かに見せて聞こうとしたのかもしれません。が、みんなが急ぎ足の慌ただしいホームでは、なかなか立ち止まる人もいないのでしょう。

切符には、自由席とありました。私はそこから一番近い4号車の乗車位置にお客さまをお連れし、大きなアナウンスや列車の音に負けないように、耳元で大きめの声で言いました。

「乗車までまだ時間がありますので、もう一度、ご案内にまいりますね」

その方は杖のないほうの手で少しハンチングを持ち上げて、小さくお辞儀をされました。

「ありがとうございます…」

微笑まれ、何か言いかけられたようでしたが、私は慌ただしく自分の持ち場にとり

第 **1** 部
「新幹線劇場」で本当にあった心温まるストーリー
〜エンジェル・リポートから〜

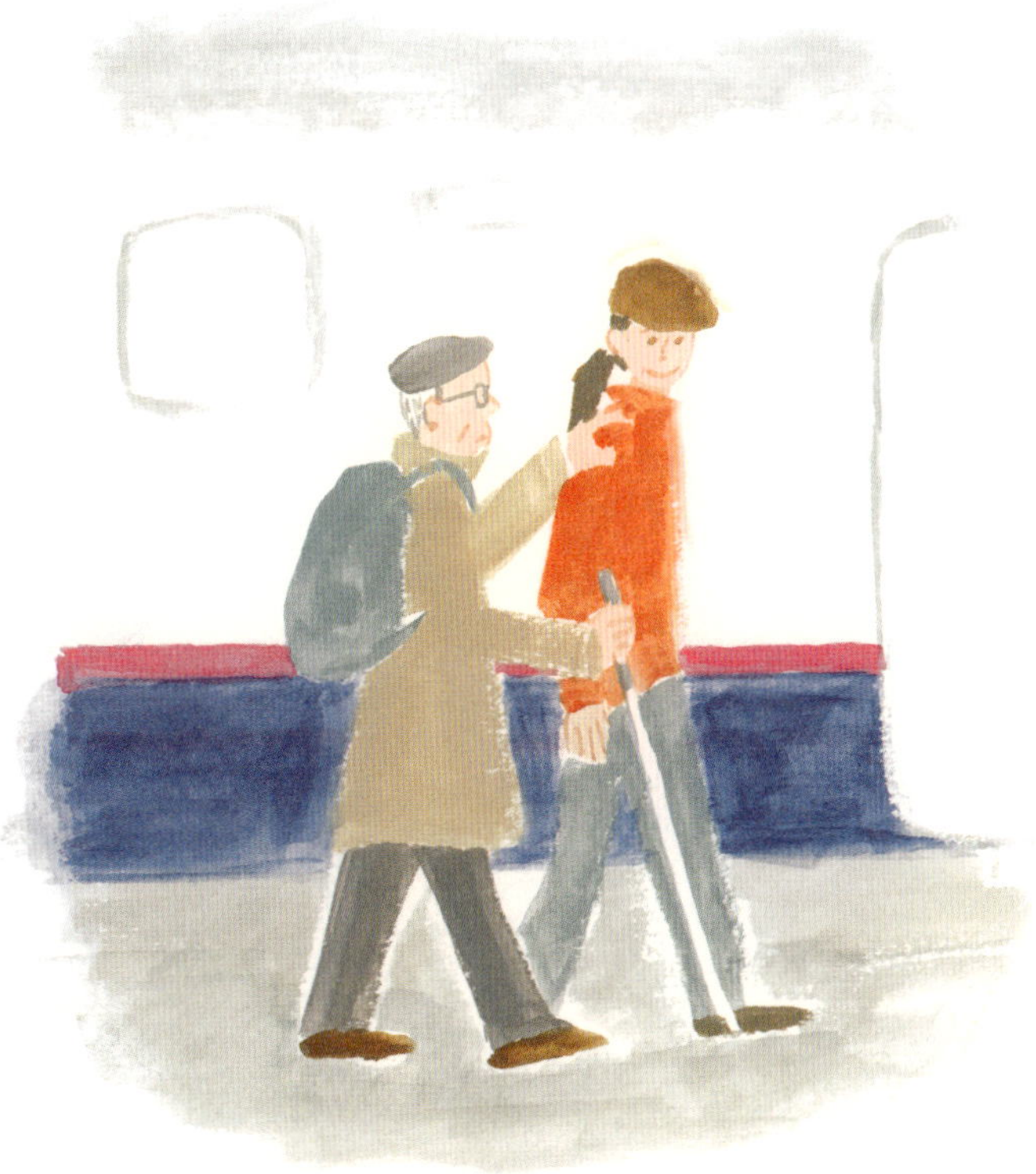

あえず急いだのでした。

5分ほどして、私はその場所に戻りました。

列車が到着し、清掃が終わる時間を見計らって。

12月でしたが平日の月曜日ということもあり、まだその午後の時間帯には、自由席にも少しゆとりがありました。

それでも、目の不自由なお客さまには、そんな状況は見えないわけです。

グレーのハンチング帽は、心細げに車両のほうを向いていました。

その横顔を見ていましたら、自分の仕事があるのはともかく、ずっとそこで横にいてさしあげたかった、とまで思えてきました。

「お待たせしてすみませんでした。ご案内しますね」

「ああ。あなたですね。ありがとう」

私は自分の赤いジャンパーの肩の上にその方の手を置いてもらい、座席までゆっくりと歩きました。

出入り口の近くに座ってもらい、すぐ向こうにお手洗いがあることもお伝えしました。

「お気をつけていってらっしゃいませ」

私がいつものようにお辞儀をしますと、その方が「あの」と、呼び止められました。

「あなたに、先月、妻と一緒にいたときも、乗車位置を教えてもらったんです」

「えっ」

私は思い出しました。

ひと月程前、やはり越後湯沢へいらっしゃるという、初老のご夫婦を乗車位置まで案内したことを。

少し痩せた小柄な奥様は片方の足の膝が痛むらしく、ゆっくりゆっくり、目の見えないご主人を先導していらっしゃったのでした。

そういえば、その帽子に見覚えがあったのでした。

「ああ。あのときの。……今日は、お一人なんですね」

「家内も一緒に来るはずだったのですが、ちょっと風邪を引いてしまいましてね」

「そうでしたか。それは残念。次回はご一緒だといいですね」

「はい……」

私は立ち去りかけましたが、そういえば、なぜ私だとわかったのだろうと、おずおずとその人を見つめ直しました。

するとまるで私の心の中の声が聞こえたように、その方はおっしゃったのでした。

「さっき、耳元で話してくださったとき、ああ、あなただと声で思い出しました。二度もお世話になって、本当にありがとう」

グレーのハンチング帽が、また少し左手で持ち上げられ、その方は座ったまま、静かにお辞儀をされました。

薄く色のかかった眼鏡の向こうにある目元が、やさしく微笑んでいました。


「よいご旅行を」

私は胸がいっぱいになって、そう言いました。

降車し、車掌のいるところへ急ぎ、目の見えないお客さまが乗車されたことを伝えました。

そして動き出していくその窓の前に仲間たちと並んで立ち、いつものようにお辞儀をしました。

列車が走り去った後の風も、冷たいとは感じませんでした。

13時45分頃、コンコースのゴミ回収をしていたKさんのところへ
遠くのほうから
4～5歳の男の子が空のお弁当箱を持って来てくれました。
Kさんは笑顔で受け取り
「持って来てくれてありがとう」と、
ポストカードを手渡しました。
その子は「ありがとう」と、手を振ってご両親の元へ走られました。
Kさんはその子がご両親の元に無事に戻るまで
見守っていました。
その子が何か話されるとご両親はにっこりされて、
遠くから会釈をされました。
いつも笑顔を絶やさないKさんだから、
笑顔が返ってきたのだと思います。

エンジェル・リポート

NO. 6

がんばるぞ！　日本

２０１１年3月11日。あの大震災の日を境に、東北新幹線の清掃を手がける私たちにとっても、日常は大きく変わりました。

震源に一番近い小山サービスセンターと那須塩原派出所では、庫や事務所に被害を受けつつも、スタッフはめげることなく、やっと庫に戻ってきた新幹線を元通りに美しくよみがえらせることに全力を尽くしました。

震災当日、本線上に残された車両は自家発電の電源がなかったため水が流れず、お客さまは大変な思いをされたようです。

私たちはそのときの車両の凄惨なほどの汚れっぷりを見て、そのときのお客さまの気持ちに思いを馳せるしかありませんでした。

２週間ぶりに清掃に入ったその日の車両の様子は、私もまだ忘れることができません。車内の荒れた様子はもちろん、特にトイレはすべてが流されないままの状態で数日間経過しているのですから、汚れと激臭で全個室がひどい状態でした。

「これ、使えるようになるのか…」

主任の私ですら、清掃することに一瞬気力を失いそうになり、そんな言葉が胸をよぎったほどです。

ところが一緒に作業に当たっていたトイレ担当のR子さんとY子さんは、果敢でした。目の開けていられないような臭いの中で、嫌な顔もせず黙々と作業し、一つひとつのトイレを隅々まできれいに仕上げていきました。

R子さんはトイレ担当になってまだ日が浅かったのですが、主任の私に確認を取りながら必死に一つひとつに対処しようとしてくれていました。

「そろそろ、詰まりはなんとかなりそうですか？　一度、流してみましょうか？」

「そうですね。お願いします」

Y子さんは今までの経験を生かし、自らの持ち場をまず手際よく処理すると、R子さんの持ち場へと応援に向かい、すべてを完了させました。

その後、震災から1カ月ぶりの清掃となる列車もやってきました。

車内、トイレ、洗面所、そしてボンネットまで、見事に汚れている車両に、また作業者全員で取り組みました。

やはり大変だったのはトイレです。

ペーパーと排泄物であふれた便器を、経験ある担当のJ子さんがお手本のように処理していきます。両手にゴム手袋をはめ、気合いを入れて汚れた便器に突っ込んでビニール袋にとりわけていくのです。

その汚物はもちろん車内トイレだけで流し切ることはできず、検修庫のトイレまで運ぶことになりました。

「誰か、運んでくれますか？」

額の汗を拭うこともできずにがんばるJ子さんの声を聞いて、その役を買って出てくれたのはIさんでした。

「私が運びます」

重さも重さですし、臭いも臭いです。こぼしては元も子もありません。

Iさんもあっという間に汗びっしょりになっていました。

留置された車両は室内だけではなく、ボンネットも大変汚れていました。外装のよごれやこびりつきは時間が経ち、乾いてとれづらかったのですが、Kさんが根気よく

がんばろう!!
日本

洗い流し、きれいな車両に戻しました。

「新幹線は使い捨てじゃないからね」

「当たり前ですよ。こんなに高価で、素敵なものを使い捨ててたまるもんですか」

すべてがきれいになって、また乗車していただける新幹線に仕上げたとき、私たちはそんな会話を交わしました。

「がんばれ日本、じゃないよね。がんばるぞ、日本」

「そう、がんばるぞ！　日本」

またきれいになって走っていく新幹線には、「がんばれ」でも「がんばろう」でもない、私たちの「がんばるぞ！　日本」の思いが詰め込まれているのです。

私たちは「がんばるぞ！　日本」のネームプレートを胸につけるようになりました。

5月のある日、東京駅のホームで、40代くらいの女性のお客様数人がそのプレートをご覧になり「一緒に写真を撮ってください」とおっしゃいました。

「私たち、これから被災地へ支援に行くんです」

「こうして新幹線のお掃除をしている人たちも皆さんを応援しているんですよ、って写真を見せたいんです」

　私はうれしくて説明しました。

「私たちは現地に支援には行けませんが、いつも被災された方々のことを思い、ネームプレートや作業中札を通して通じ合っていたいと思うんです」

　そして「がんばるぞ！　日本」と書いたポストカードをプレゼントしました。

　お客さまはそれをじっと見ておっしゃいました。

「これ、被災地の子どもたちにあげますね」

　被災地の子どもたち。それが一人や二人ではないことはみんなわかっていることです。全員にあげることはできないけれど、私たちにできることは、今できることを、精一杯すること。私はすぐに無線で仲間たちに連絡しました。

「2分以内に20番線の5号車前にポストカードを持っている人は全員持ってきてください」

　一瞬にしてポストカードは30枚ほど集まりました。

　それが私たちの思い、です。

　がんばれ、でもなく。

がんばろう、でもなく。
がんばるぞ！　日本。

作業終了後、Tさんたちが整列し、丁寧にお辞儀をしたとき、
それを見ていた親子連れのお母さまが
小学校低学年くらいのお子さんに言いました。
「ほらね、礼に始まり、礼に終わるのよ」
お客さまは列車が入線してから作業が終わるまで
私たちを見ていてくださったのでしょう。
Tさんはそれだけで目頭が熱くなりました。
子どもの頃の思い出は鮮烈に覚えているものです。
私たちの行動や仕事が
その子の脳裏に一生焼き付くのかもしれないと思うと、
「新幹線劇場」で演じることも
誇りに思えてくるのです。

エンジェル・リポート
NO.7

駅の中の接客業

私はパートで入社しました。この春、2年目を迎えます。車内清掃を経て、今はホームでお客さまを案内する、コメットを担当しています。

子どもが大学を卒業して、そこから働き始めたんです。家族は「無理しなくていいのに」と言いましたが、無理じゃなくて、働きたかったんです。もう一回、社会に出て、自分がどれくらい役に立てるか、やってみたかったのです。

最初は接客業を選びました。アパレルの会社で、そこからデパートに派遣されて、婦人服を販売していたんです。

でも、お洋服を買ってもらうのも大変なんです。お客さまと上手に付き合って、「あなたがそう言うなら買うわ」って言ってもらわないといけないわけですから。ある程度ノルマもありましたし、競争もあります。

長いこと家庭を守っていればいい私だったので、ばりばり働く女性だらけの場所では、ぼーっとしたところがあったのかもしれません。いろいろ、神経をすり減らすことが多かったのも事実です。

それで、もうちょっと私の得意なことで仕事ができないかしらと思っていたときに、息子が「うちの家はよその家に比べて、母さんが外で働いてるわりにはきれいかもな」

なんて言ってくれたことを思い出したんです。

お掃除なら得意かも。

それに、ものを買ってもらうプレッシャーもありません。

職場の人付き合いはどんな感じかしら。採用が決まったとき、それだけが気がかりでした。


最初に見習いについたときは、すべてが驚きでした。

何百トンという新幹線が時速30～70キロくらいのスピードで、ホームに滑り込んできます。そこに整列し、チームとしての一体感をつくるようにお辞儀をします。

列車到着後、移動禁止表示器の表示が白から赤に変わると、「移動禁、赤よし！」と大きな声を出して確認し、持ち場へ。

トイレを担当する人、車両を担当する人。さっと乗り込んだかと思うと、リズミカルに清掃が始まるのです。

ものすごく汚れた場所もあるし、ほとんど手を加える必要のないような場所もあります。先輩たちは一瞬にして現状を把握し、驚くほど速いスピードで全体を掃除していくのです。

私が最もすごいと思ったのは、そのスピードでした。

こんなこと、できるようになるのだろうか……。

そう思ったことが、まるで昨日のように思い出されます。

〝先生〟は、マンツーマンでついてくださいました。

その教育システムはすべて理にかなっていて、朝から晩まで勉強です。覚えないといけないことは山のようにあります。実務はもちろん、作業指示書の書き込み方まで。

ありがたかったのは、質問すればすぐに答えてもらえたことです。

それもいつも血の通った言葉で。

当初、私がよく間違えたのは、車両が入ってくるときの、ホームでの立ち位置でした。

東北新幹線は、8両とか6両とかのものがあり、立ち位置がまったく違ってくるのです。

方向音痴な私は、ホームが変わると方角すらもわからなくなってしまいます。

第1部
「新幹線劇場」で本当にあった心温まるストーリー
～エンジェル・リポートから～

「あれ……こっちが……。えっと」

きょろきょろする私に、〝先生〟はこんなふうに教えてくださいました。

「私もそうだったわ。あのね、景色を頼りに覚えるといいのよ。線路が曲がっているのが上野方。まっすぐなのが、品川方」

「ああ……。ありがとうございます」

「慣れるまでは物理的に覚えるのも一つの手です。ビルの景色で覚えている人もいるのよ。ドームが真正面に見える、とかね」

感謝すると同時に、なるほど、と思いました。私の視野はここまで来るための動線と、ホームの足元と、車両の中にしかなかったのです。

1カ月経つと、マンツーマンの〝先生〟はいなくなりました。

独り立ちです。

でも、そこからは周囲のフォローをいただきました。

社員の人たちがまだホームでの立ち位置に不安な私に、何気なく編成の先頭を言ってくださったりしたことが忘れられません。

「大丈夫?」とは何度もおっしゃらなかった。言葉ではなく「大丈夫かな……」と、なんとなく見守ってくださっていたのです。

その気配の温かさは、この会社全体に流れているのです。


清掃の仕事から、コメットの仕事へと異動になり、今はまた接客をしていたときの気持ちも生かしてがんばっています。

ホームの上で方向音痴だった私が、今は海外からのお客さまを成田エクスプレスにご案内することも多いのです。

自分が方向音痴だからこそ、そこで迷われている人たちの不安な気持ちがよけいにわかるのかもしれません。

それにもっと大変なことに、外国のお客さまは日本語はわからないのに、日本語のチケットを持っていらっしゃるのですから。

しかも海外からのお客さまは荷物がとっても多いのが特徴です。

先日も、韓国から来られたという60代くらいの女性が、東北での娘さんの出産の手伝いに来られた帰りらしく、ものすごい荷物を持っていらっしゃいました。

トランクに、段ボール箱も積んだものをカートで転がし、なんと、頭の上にまで荷物を載せていらっしゃるのです。

お手伝いしようと手を貸しましたが、段ボール箱が漬け物石のように重くて、動かないのです。

成田エクスプレスまでご案内したら、30分くらいかかりそうでした。

正直、他にやるべきこともありますし、どうしようかと思いました。

でも、そのお母さんを見ていると、同じ子どもを持つ母親としての気持ちがこみあげてきたんです。

東日本大震災から数カ月は経っていましたが、そのお母さんは、あの大きな地震の報道を韓国で見て、身重の娘さんのことをどんなに案じられただろう。

あれも必要かもしれない。これも食べさせてやりたい。来るとき持っていた大荷物は、今度は娘さんと嫁がれた先のご家族からの「これも持って帰ってください」「これも食べてもらいたいから」というお礼の品に代わったのでしょう。

娘さんは、遠い外国から、もう若くないお母さんがたった一人で来てくれたことが、どんなにうれしかったことでしょう。

私は、そんな想像に胸がいっぱいになって、重い荷物を持ち上げていたのです。

「ありがとう」

日本語で、彼女はお礼を言ってくれました。

「気をつけて帰ってください」

その人は頭の上の荷物を押さえながら、二度、手を振ってくれました。

私はその話を〝先生〟だった方にしました。そのときはもうコメットとしての気持ちになって。

「〝先生〟、日本語を読めない外国の方のために、せめて床に誘導の文字があったりしたら便利かもしれないですね」

すると、先生はうなずいてくれて、しばらく外国人の方の誘導の話になりましたが、最後にちょっと笑ってこうおっしゃいました。

「もうあなたは立派なコメットなんだから、〝先生〟って呼ぶのはやめてよ」

「いいえ、私にとって、いつまでも〝先生〟は〝先生〟ですから」

それくらい、お世話になった気持ちが残っているのです。その気持ちがまた、私を日々の仕事にまっすぐ立ち向かわせてくれるのです。

ＪＲの社員の方から、
「お客さまがゴミ箱にお金の入った封筒を捨ててしまったので
探してほしい」
と、連絡がありました。
コメット３人で必死にゴミ箱を探しましたが、見つかりません。
そこでホーム下のゴミ集積場のゴミ袋を広げて探しました。
そして、長い格闘の末、ついに探し出しました。
見つかったとき、
「あったー」と、肩を叩き合って喜びました。
無事にお客さまの手元に戻り、本当にうれしかったです。

エンジェル・リポート

NO.8

見送りはわたしが

私はこの会社に入って6年目です。その前は介護施設で働いていましたが、体力もいりますし、近所に住んでいたので、夜中に救急車の音を聞いたりすると、ドキッとして目が覚めてしまうんです。

その分、やりがいもあったけれど、お一人お一人に思い入れて人の命を預かる重さにくたくたになってしまったところがあって。お掃除が中心のこちらの仕事をさせてもらうことにしたんです。

新幹線の掃除はスピード感が楽しかったです。もともと、体を動かすのが好きなんですよね。時間に制限があれば逆に「よしっ」と気合いも入ります。

その後、持ち場が変わって、今はコメットの担当をしています。困っているお客さまを見つけてご案内するんです。お掃除も好きですけれど、もともと介護の仕事をしていましたから、お年寄りのお世話をするのは得意です。人と接するのはまた、楽しいなあと思い始めています。

東北新幹線はお年寄りが多いかもしれませんね。震災後はまた家族の行き来が増え、お年寄りも増えたような気がしています。

どうしようもないことなのかもしれませんが、新幹線のホームって、慣れていないとどこから乗ったらいいのか、難しいものなんでしょうね。何番線のどこへ行けばいいのか、切符を見つめて悩んでいる方をよくお見かけしますから。

特にお年寄りは、掲示板が苦手です。掲示板を見上げている後ろ姿は本当に胸がきゅんとします。

乗り遅れてはいけないからと、1時間も2時間も前に東京駅に着いてしまい、乗るまでに疲れ果ててしまう人も多いようです。

ぎりぎりの時刻になって、今度はトイレに行きたくなったり。その身になってみれば、ドキドキしますよね。

ある朝、私が見かけた80歳くらいの小柄な男性は、出発の掲示板を見上げて、ひどく怒っていらっしゃるふうでした。

「お困りですか？　お困りのことがありましたら、お聞きしますよ」

男性はじろっと私を見ると、また掲示板を見上げています。

「ない！」

大声で怒鳴られて、周囲の人たちが私たちのほうを振り向きます。

「お客さま。私は案内係の者ですが、切符を拝見してもよろしいですか？」

「……ん！」

私のほうを見もせず、切符を突き出されました。

「はやて」に乗られるようです。よく見ると、その列車の時刻まで、まだ1時間半もあります。

「お客さま、このお時間の列車はまだ掲示板には出ません。よろしければ待合室にご案内いたしましょう」

「どいつもこいつも。オレをたらい回しにしやがって！」

「今度は大丈夫です。発車する前に待合室まで私がお迎えに上がりますから」

私がそう言うと、男性は少し表情が柔らいだように見えました。

が、急にほっとしたふうを見せるのも照れくさいのかもしれません。待合室にご案内するまでひと言もしゃべらず、憮然とした様子でした。

発車時刻の10分程前に待合室にお迎えに上がると、すっかり落ち着かれた様子で、私を見ると、うん、とうなずかれました。

「ご案内しますね」

ホームを歩く間、ぽつりぽつり、お話をしてくださいました。

「オレは盛岡で会社を経営してたんだ。息子に会いに来て、帰るとこでね。まあ月曜だし、あいつも会社があるから、一人で大丈夫だと言って出てきたんだけど…」

「そうでしたか。立派なご様子なので、社長さんかなと思っていたんです」

「うん」

切符をもう一度拝見し、座席までご案内しました。

「ありがとう」

男性は、また大きくうなずきました。

本当は息子さんに見送ってもらいたかったんだろうなと思いました。

私で申し訳なかったけれど、しっかり、お見送りしました。

16号車のデッキに、
ガムを踏んだ靴で歩き回られたような跡が
至る所にありました。
黒ずんだガムが少しずつ付着しているのです。
16号車担当のMさんは、車内清掃を終えた後、
デッキで必死にガム取りをしていました。
その様子に気づいたトイレ担当のAさんは
自分の作業をしっかりと終えた後、
一緒にガム取りを始めました。
清掃終了時間いっぱいまで、ガム取りは続き、
無事、黒ずみが消えました。
お客さまの靴の裏にこれ以上ガムがつかなくてよかったと
二人は汗をぬぐいました。

エンジェル・リポート

NO.9

赤ちゃんの靴下

まだコンコースにベビー休憩室がなかった頃の話です。

トイレで清掃作業中のTさんは、赤ちゃんを抱いた若いお母さんに声をかけられました。

「すみません。あの、ここのトイレにはベビーベッドはないんですか？」

子育ての経験のあるTさんはそのお母さんの様子から、ご自身がトイレに入りたいのだとすぐにわかりました。

「申し訳ありません。ベビーベッドは南口トイレでしたらございますが…」

そして、慌ててゴム手袋とエプロンをはずし、とっさに手を差し伸べました。

「お急ぎでしたら…　私でよかったら」

そのお母さんはTさんが赤ちゃんに慣れている様子を感じとったようで、なんの迷いもなく赤ちゃんを預け、トイレに入られたのでした。

中央トイレではたびたびこのようなやり取りがあり、現場の声として、JRにベビー休憩室の設置要望が出されたのでした。

それから2年ほど経って、中央コンコースのトイレ横にベビー休憩室が誕生しました。

しかしなんだか殺風景で、当初は赤ちゃんを連れて入るという雰囲気ではありませんでした。

「しょうがないわね。設計をする先生方はきっと男性なんでしょうから」

「見て、このおむつ用のゴミ箱。こんなに大きいところが満タンになったら、重たくて取り出せないわよ」

「だいたい、すごい臭いになっちゃいますね」

女性同士で話し合い、より使いやすいようにと細部にこだわっていきました。

おむつ用のゴミ箱には上げ底をし、適当な量で捨てられるようにしました。頻繁に捨てれば臭いもしません。

さらに臭いを軽減するために、ゴミ箱のそばに小さなレジ袋を置くことにしました。紙おむつをまるめ、そのレジ袋に入れてしっかり封をして捨ててもらうようにしたのです。

これで捨てるほうも片付けるほうも、ずいぶん楽になりました。

殺風景な壁には、季節ごとに飾り付けを考えることにしました。

おひなさま。桜。鯉のぼり。12月にはクリスマスツリー。特別上手な飾りとは言えません。そんなに予算もたくさんはないし、どちらかといえば、ださいかな？　でもこれが、私たちのおもてなしの心なんです。小さな子どもたちが、指さして何か言ってくれていると、本当にうれしい。よかったなぁと思います。

赤ちゃんと一緒の旅は幸せだけれど、お母さんは大変です。

最近は「育メン」なんていう言葉もあるように、協力的なお父さんの姿も見かけますが、授乳はお母さんしかできませんし、何より赤ちゃんはお母さんの胸で眠るのが大好きですから、お母さんの負担はかなりのものです。

私たちは、いつもそんな旅するお母さんの味方です。

先日もコメットのSさんが、中央コンコースベビー休憩室へ巡回清掃に入ったところ、上半身裸のままの赤ちゃんを前に、20代のお母さんが途方に暮れていたそうです。

「どうなさったんですか？」

「ミルクを戻したのがすごくて。さっと身体だけ水で洗ったんですが、冷たいからそ

のまま着せるわけにもいかないし、どうしたらいいか…」

その日は20度を超す気温でしたが、裸のままでは風邪を引いてしまいます。Sさんはお母さんに聞きました。

「降車されたんですね」

「はい。これから立川まで電車に乗るんです」

「ちょっとお待ちいただけますか」

Sさんは詰所に戻り、座席濡れの際に使用するドライヤーを持って戻りました。

「これで、乾かしてください」

困り果てていたお母さんは、小さな服をそのドライヤーで一心に乾かしました。

「すごい。あっという間に乾きました。ありがとうございます」

着ていた服を温めて着せてもらった赤ちゃんは、ニコニコしていました。

Sさんはほっと胸をなで下ろしました。

冬場には、赤ちゃんの靴下が片方落ちていることもしょっちゅうです。

新幹線の車内は暖房が効いていますから、暑がりの赤ちゃんは汗をかいてぽろっと脱いでしまうのでしょう。

でも東京駅のホームは寒いです。だから、片方だけの赤ちゃんの靴下が落ちていると、私たちは赤ちゃんが風邪を引かないかとまた心配してしまいます。

清掃担当のIさんは2月のある日、赤ちゃんの黄色い靴下を見つけました。

小さな小さな靴下は拾い上げるとまだ温もりがありました。

その温もりは本当につい今しがたまで履いていた温度だと思いました。

Iさんは時間を気にしながらも、ホームを赤ちゃんを連れた人がいないか、裸足《はだし》の赤ちゃんがいないか、目を皿のようにして探しました。

右、左、柱の向こう。

すると、小さな赤ちゃんの裸足の片足がちらりと見えたのです。

Iさんは赤ちゃんをおぶっているお母さんのもとへ駆け寄りました。そして、その黄色い靴下を差し出しました。

「まだ温かかったから、近くにいらっしゃると思って」

「あ、ありがとうございます」

お母さんは赤ちゃんの裸の足を冷えていないかと少し触り、受け取った黄色い靴下を器用に履かせました。

「ほら、ありがとう、って」

赤ちゃんは眠そうな目をこちらに向けていました。

Iさんはうれしくなって、靴下の温もりを思い出すように、両手をこすりました。

コンコースでNさんがしゃがんでトイレの便器をゴシゴシ磨いていると、
お客さまの声がしました。
「うわー、きれいなトイレ!」
こう独り言を言って、用を済ませてお帰りになりました。
この独り言に、じわじわと嬉しさがこみあげてきました。
また、いっそう力を込めて、お掃除に励みました。
きれいなトイレは、
お客さまへのなによりの「おもてなし」です。

エンジェル・リポート

NO.10

お命、預かっています

新幹線はきわめて安全な乗り物です。しかし全速力のときは時速300キロ前後で走っているので、ホームに減速しながら到着するときにも、まだかなりのスピードを保っているものです。

ドアの開閉やステップの隙間の広いところなど、気をつけなければ、危険な箇所もあります。

私たちは「ひやっとした体験」を勉強会で共有して、毎日身を引き締めて仕事に当たっています。先日、入社14年になるNさんがこんな話をしてくれました。

「2年前、ドアに顔が挟まって、目の上が真っ青になったことがあったんです。どんなことがあっても自分の身を守るのは自分。それを十分心がけなければと思った経験でした」

ベテランで、てきぱきとした仕事っぷりに感動すらさせてもらっていたNさんの言葉だけに、私は本当に驚きました。

ひやっとした体験を人に話すのも恥ずかしいものですが、それがまた他の人の気持ちを新たにするのだと思うと、恥ずかしがってはいられないのです。

私たち自身の安全もさることながら、やはり心配なのはお客さまの安全です。

ある日、車内清掃が終わり、新幹線が発車間際になっても安全柵から離れない子ども連れのお客さまがいました。

その背中の周りに徐々に人だかりができています。

「どうしたのかしら？」

慌てて駆け寄ると、３歳くらいの男の子の頭が安全柵に挟まり、動けなくなっていました。

「わーっ」

その子は恐怖で大きな声を上げ、泣き叫んでいます。顔を右に横にして抜こうとするのですが、痛い思いをするばかり。お母さんもお父さんもうろたえてしまい、ただ我が子の肩をしっかり押さえるしかできません。

私はN主任に無線で連絡しました。主任はすぐ駆けつけてくれました。

「大丈夫だからね…」

私もその子の頭の小ささを見て、すっぽり入ってしまった頭なのだから、きっと抜けるだろうと心の中で言い聞かせました。

N主任はその子の頭を大事に支え、そっとそこから抜きました。幸い、けがはありませんでした。

「ぼうや、よかったね。おけががなくて何よりでした」

私がほっとして言うと、ご両親は気が抜けたようでした。

「ありがとうございます」

そう言って列車に乗り込もうとされていましたが、その子はまだショックが消えず、その場でぽろぽろ泣き続けています。

近くで乗車案内をしていたコメットのMさんはそれに気づいてやって来て、バッグから新幹線の描かれたポストカードをその子に差し出しました。

「怖かったね。これから気をつけてね。はい。新幹線を嫌いにならないでね」

頭を撫でてポストカードを手渡すと、その子も涙ながらにうなずいてくれました。

子どもだけが危険なのではありません。

階段やエスカレーターでの転倒事故は、大人にもよくあることのひとつです。

ある日、第2ホーム階段のエスカレーターで突然大きな音がしました。

その音に気づいたM主事が急いでエスカレーターの前に行くと、なんとエスカレーターの途中で女性のお客さまが頭と足が逆さまの状態で、スーツケースの下敷きになっていたのです。

M主事はとっさに大きな声を出しました。

「ベルトにつかまってください！　エスカレーターを止めます！」

大勢のお客さまがエスカレーターに乗っているときに、突然エスカレーターを止めれば、一人の転倒が連鎖し、将棋倒しになってしまう危険もあるのです。M主事は何度か大声を出し、すべてのお客さまに安全な態勢をとるように促して、エスカレーターの停止ボタンを押しました。

そこへ警備員が駆けつけました。

M主事は転倒されていた女性のお客さまを警備員にお願いし、今度は駅員に連絡してエスカレーターの再起動をお願いしました。

そしてまた、先ほどのお客さまはどうなされたかと警備員に尋ねると、「大丈夫です」と言われ、すでに新幹線に飛び乗られた、とのことでした。

「ひょっとしたら、おけががあったかもしれないね。でも恥ずかしいのと急いでいるのとで、新幹線に飛び乗られてしまったのかね」

主事はその後も、そのお客さまをそんなふうに心配されていました。

とっさに判断し、すべての人の安全のために何ができるか。それが新幹線と共に働く私たちにはとても重要なことです。

ある日、とうとう私にもそんな場面がやってきました。

20番線のステンレスの手すり拭き作業に待機中だったときのことです。

「はやて」が入線してきたとき、11号車付近で幼稚園児くらいの男の子が走ってきて、転落防止用の赤いパーテーションよりも前に出ようとしたのです。

子どもが夢中になって突進するときの力はすごいものがあります。

私はとっさに自分の体を前に出し、その力をどしん、と受け止めました。

すぐに新幹線は入線してきました。

受け止めなければ接触する危険もありました。11号車付近はまだスピードがあります。接触していたら小さなケガではすまなかったと思います。

「危ないですよ。気をつけてね。こっちから向こうには絶対に行かないでね」

その時は笑顔でそう言いましたが、後から接触していたらと考えると、体が震えました。

踏ん張らず、受け止めきれずにいたら、私が接触していたかも……。ぼんやりしていてはいられません。ただお掃除さえしていればいいのではないのだと、そのとき実感しました。

私たちの仕事は、お客さまの命を預かっているのです。

最後の見回りと検査に地下3階のコンコースへ行ったときのことです。
50代くらいの女性のお客さまに声をかけられました。
「きれいにしてあるわね。
タイルもきれいに掃除して乾いているから、
ズボンの裾を気にしなくてもよくてうれしいわ。
床が濡れているのは掃除していると見せかけているだけ。
ここは本当にきれい」
見てくださっているところの細かさに、うれしくなりました。

エンジェル・リポート
NO.11

新幹線の運転士からお掃除へ

子どもの頃は誰もが憧れるように、プロ野球の選手になるのが夢でした。

でもそんな夢を叶える人はほんのひと握り。

私は昭和43年、17歳で国鉄に就職しました。最初に着任したのは、電車や電気機関車の清掃でした。工具を磨いたり、そんなことから鉄道人生が始まりました。

やがて23歳で電気機関車の機関士になり、東海道線のブルートレイン「あさかぜ」「はやぶさ」などに乗りました。

そして新幹線の時代。私は運よく、新幹線養成所に入ることができ、新幹線の運転士の道を歩むことができました。30歳過ぎのとき、東北・上越新幹線の開業と同時に、私は新幹線の運転士になりました。


新幹線の運転士は、運転士の中では憧れでしょうね。山手線の運転士の8～9割は「いつか新幹線の運転士になりたい」と思っているのではないでしょうか。

運転士の羨望の的、新幹線の運転士となり、あの制服を初めて着たときは、やはり心躍る思いでした。実際に仕事が始まれば、多くのお客さまの命を預かり、何百キロというスピードで走るわけですから、緊張の連続ではありましたが。

時刻通りに走らせるためには、頭の中は常に計算でいっぱいでした。

乗り心地のよい運転、というのも必要です。飛行機だって離着陸はパイロットの腕前でしょう。基本操作は同じではありますが、やはり新幹線の運転も飛行機の操縦も、最後は人の心なのです。


その後、運転士を養成する側にもなりました。乗務員指導です。運転士3000人のリーダーになったとき、忘れもしない、新幹線の脱線事故が起こりました。

その夜、私はJRの地区の運動会を終え、浅草で電気ブランを飲んで帰宅し、気持ちよく風呂から上がったところ、大きな揺れを感じ、大変なことが起きたことを直感しました。

電話が鳴りました。

「脱線した」

「どこの、だ?」

「あなたのところの運転所の運転士だ。中越地震だよ。テレビ、見てないのか?」

私は慌ててテレビをつけました。大変なことになったと、酔いは吹っ飛んでいました。

当初、その運転士とは連絡が取れなかったのですが、祈るような気持ちで何度か業務用電話に連絡すると、つながったのです。

「君は大丈夫か？」

「はい。でも……」

私はそのまま会社に向かい、事故の対応に取り組みました。

その後、脱線防止ガードをつくったり、橋脚を鉄板で覆うなど、新幹線の地震対策がさらに進みました。

その時の事後処理の対策があったからこそ、東日本大震災のときには、新幹線は脱線を免れたのです。

私は危機対策の重要さをかみしめていました。

そんな私がテッセイに入社したのは平成19年のことでした。

専務が先に入社されていたのは知っていました。東京支社で専務が指令部長をされていたとき、私が運転士を取りまとめていたのです。

敵味方というわけではありませんが、とかく意見が対立しがちな立場でした。「運

転士が言う事を聞かない」と言われれば、私は「いや、規則通りにやっています」と言う立場だったのですから。

しかし、現場の人間を大事にしようとする気持ちには共通するところがありました。

私は入社してまず東京で1カ月研修し、その後、田端にある車両基地へ異動しました。国鉄での新人時代も、電気機関車の清掃からでしたから、そのときのことを自然と重ね合わせて見てしまいます。そこで感じたのは、テッセイの人たちが本当によく働くということでした。

国鉄の時代は8時間労働のうち、汗水をたらすのは半分くらいです。でもここの人たちはどうでしょう。出勤して退社するまで、休むことなく働くではありませんか。

私はこの会社が新しく生まれ変わるのを心の片隅で確信していました。

いや、働く人たちにふさわしい、新しい会社にしなくてはならないと思ったのです。

そのためには、何か仕掛けを考える必要がありました。

21年3月に東京駅に戻ると、私はまず男性に、事務員にも蝶ネクタイを着用するように決めました。

もっといきいきと、楽しそうに働いてほしい。まずは制服から。

なぜそんなことを思ったかというと、新幹線の運転士の特別な制服を思い出したからです。清掃とはいえ、あんなパイロットみたいな制服を着ている運転士と同じ車両で働くのです。少々格好つけてもいいじゃないか。そう思ったのです。

それに、野球好きも起因していました。同じチームだという意識は、同じユニフォームを着ることで持てるものだからです。

580円の蝶ネクタイ作戦。

当初、社員は大笑いしましたが、それをつけた社員の目がやさしくなったことに気づきました。

私はコスチューム作戦が功を奏していると考えました。

夏休みにポケモン新幹線が走るときには、浜松町のポケモンセンターにTシャツを買いに行き、クリスマスには浅草橋の問屋街でサンタクロースの小さな人形ブローチを買ってきて、全員に帽子につけてもらいました。

「ぼくらもつけるんですか？」

「嫌かな？」

「いえ！」

男性陣は嫌がるのかと思えば、嬉々として帽子につけ始めました。

よし、いける！　と感じた私は、クビになるのを覚悟で大きな包みを開け、着替えを始めました。

私はサンタクロースの衣装を着たのです。

「え？　こ、これでコンコースに出るんですか？」

すると、トナカイとシロクマの着ぐるみも、立候補してくれるスタッフが現れました。

「やった！」

コンコースへ出て、子どもたちにその衣装でポストカードを配りました。子どもたちはもちろん、お客さまは大喜び。ＪＲ社員も少しあきれたように、笑顔で手を振ってくれました。

実はその二日前にＪＲへ説明に行くと、「子どもが喜んで走ったりしたら危ないので、ホームではやめてください」と言われていたのです。私は「わかりました」とは言いましたが、「やりません」とは言いませんでした。

だから本当に、クビ覚悟だったのです。

専務にも後から写真を見せました。

人間は、形から入る、格好から入ることが大切なこともあるのです。

スポーツでよく言われるのは、道具や靴がその人の潜在能力を呼び覚ますことがあるということです。私は野球やスキーをやっていて、道具の大切さをわかっています。みんなで同じものを身につけて共通の意識を持てるようになるということも、そこで実感してきたことです。

私たちは人生の多くの時間を仕事に費やします。人生に夢がなくなったら、どんなにつまらないことでしょう。だから仕事にもいつも夢があってほしい。わくわくする気持ちがあってほしい。

そして、誰かが認めてくれるという満足感はとても大切です。

そのためには、私はみんなをほめます。新幹線の運転士の頃は、速度と時間の計算で頭をいっぱいにしていたけれど、今は想像力でいっぱいにして、「何を言われたらこの人はうれしいだろう?」と考えるのです。

「新幹線劇場」には三つの役が必要です。
役者。
大道具と小道具。
案内。
そして、
この劇場の主役は、なんといってもお客さまです。
すべてのお客さまに新幹線の旅を心地よく感じてもらえるように。
私たちの夢はその心と共にあります。

同じグループのSさんは仕事がとても丁寧です。
トイレを普通に清掃した後、便座を外したり、
奥のほうまで手や体を伸ばして隅々まで仕上げます。
「おつかれさま。
トイレの個室は狭いから、
大柄なSさんは作業が大変だね」
そう声をかけました。すると、
「トイレがきれいになっていないと、
楽しいはずの旅も台無しになってしまいますから」
そんな答えが、淡々と返ってきました。

第2部

「新幹線劇場」はどのように生まれたのか？

～「最強のチーム」が誕生する２５００日の物語～

心温まる「エンジェル・リポート」のエピソード。一つひとつは小さなエピソードですが、そこにテッセイという会社が大切にしている「さわやか・あんしん・あったか」の気持ちがとてもよく表れています。

ご紹介した「エンジェル・リポート」は、実は全体のごく一部にすぎません。実際には、「エンジェル・リポート」の報告件数は年間約2600件（平成22年度実績）。対象者数は526名にも上がります。

テッセイの全社員約820名の内の約7割近くのスタッフが、「よいことをしている」「コツコツと頑張っている」と認められ、報告されているのです。

テッセイが「最強のチーム」と呼ばれる理由がここにあります。

一部の飛び抜けて優秀な人材がリードするのではなく、チームとして協力し合いながら、それぞれの持ち場の中で一人ひとりが「主役」となって精一杯努力し、自己表現する。

そして、そうした頑張りを埋もれさせずに、浮かび上がらせる仕組みが「エンジェル・リポート」なのです。

その姿は社内だけでなく、お客さまにも多くの感動を与えています。車両清掃という仕事は、快適な空間を確保する上でなくてはならないものですが、とても地味で、「縁の下の力持ち」的な仕事です。

そうした仕事に一途に取り組み、さらには一礼などの真心こもった対応やサービスを心掛ける。そんな姿を見て、みんなが心が洗われるような爽やかな気持ちになるのです。

それでは、「最強のチーム」と呼ばれるテッセイは、最初から「最強」だったのでしょうか?

実は、そうではありません。

時は7年前にさかのぼります。当時のテッセイは、「普通」の清掃会社にすぎませんでした。与えられた仕事は真面目にこなすけど、それ以上のことはやろうとはしない。多くのスタッフは、「自分たちは清掃員」という意識に染まり、なるべく目立たないよう、隠れるように仕事をしていました。

それから約2500日。テッセイはどのような取り組みによって、「最強のチーム」と呼ばれる会社へと変身したのでしょうか?

その2500日の「物語」をご紹介したいと思います。

「地ならし」のための600日

✦あんなところに行くのか……

「新幹線劇場」の仕掛け人である矢部輝夫さん（現専務取締役）が、テッセイに着任したのは平成17年7月1日。

JR東日本東京支社の運輸車両部指令担当部長だった矢部さんは、鉄道の安全システムの専門家。グループ会社のひとつとはいえ、テッセイとはまったく縁がありませんでした。

ただ、JR東日本社内で聞こえてくるテッセイの評判は、けっして芳しいものではありませんでした。

「あんなところに行くのか……」

テッセイへの異動を告げられたとき、正直、矢部さんはそう思ったそうです。

安全の専門家である矢部さんにとっては、清掃やサービスという分野は未知の領域。しかも、あまりよい評判は聞こえてこない会社。当然、不安もあります。

でも、そこで矢部さんはこう気持ちを切り替えました。

「どうせ行くなら、いい会社にしたい！」と。

そして、矢部さんはテッセイに着任したのです。

早速、現場を回ってみると、スタッフの人たちはとても真面目。与えられた仕事はきちんとやります。でも、見方を変えれば、それ以上のことはやらないし、求められてもいない。職場にも今ひとつ活気がありません。「自分たちはしょせん清掃員」という意識がどんよりと蔓延しているように見えました。

さらに、現場と経営陣との距離がとても遠い。経営陣が何を考え、会社をどのようにしたいと思っているのか、現場のスタッフにはまったく伝わっていません。

「一体感がないな……」——矢部さんは強く感じました。

取締役経営企画部長として着任した矢部さんは、当時の経営陣とテッセイをどのような会社にするのかという議論を始めました。矢部さんは「テッセイをトータルサービスの会社にしたい」という思いを抱いていました。

「テッセイは単なる清掃の会社ではなく、もっともっといろいろなことができるはずだ。そうすれば、現場のスタッフたちももっと元気になるに違いない」

しかし、当時の矢部さん以外の経営陣は、矢部さんのそうした思いに大きな関心を示しませんでした。JR東日本のグループ会社として、安定した仕事がある中で、新しいことに挑戦する意欲や熱意に欠けていたのです。

くやしさをかみしめながら、矢部さんは「これは時間をかけてやるしかないな……」と覚悟を決めました。

✦手探りでの「モデル」づくり

矢部さんが最初に取り組んだのは、テッセイが目指すべきサービスを実践する具体的な「モデル」をつくり、目に見えるようにすることでした。

テッセイのオフィス

テッセイには以前から「コメットクリーンセンター」と呼ばれる部署がありました。ここはグリーン車の清掃を担当するところで、比較的若いアルバイトの人たちを中心に運営されていました。

「コメット」というのは〝彗星〟のこと。別名「ほうき星」。清掃業務の愛称としてぴったりということで、「コメットさん」という名称が使われていました。

矢部さんはこの「コメットさん」に着目しました。トータルサービスを提供するというテッセイの新しい姿を、「コメットさん」を通じて見えるようにしようと考えたのです。

着任して4カ月後の11月、矢部さんはホームなどでお客さまをサポートする案内業務やホーム・コンコース内の清掃を主に担当する「コメット・スーパーバイザー」というチームをつくり、14名を任命しました。制服も真新しいものに新調。教育や訓練も矢部さん自身が行いました。

しかし、14名の「コメットさん」全員が最初から矢部さんの思いを受け止め、共感したわけではありません。

「清掃の会社なのに、なんでこんなことをしなくてはいけないのですか?」

疑問をあからさまに口にする人もいました。「矢部部長は若い女性コメットのところに、鼻の下を長くして日参している」と揶揄《やゆ》する声まで聞こえてきました。

矢部さんはそれでも自分の思いを受け止めてくれる「分身」が必ずいるはずだと信じ、教育・訓練を続けました。

とりわけ、特にやる気のある2名の「コメットさん」を育て上げることに力を注ぎました。村上（旧姓野本）幸子さんと佐々木淳子さんです。

そして、この二人も矢部さんの期待に応えてくれました。積極的に案内業務に取り組み、いろいろなアイデアも率先して出してくれるようになったのです。

矢部さんは変わり始めた「コメットさん」たちの意識をさらに高めるために、さまざまな仕掛けを講じました。

たとえば、JR東日本の東京駅の駅長さんとの昼食会をセットし、意見交換の場をつくりました。東京駅で仕事をしていながら、その「主」である駅長さんと話すことなど、それまでのテッセイでは想像もできない出来事でした。

滅多に入ることのできない貴賓室も見学させてもらい、「コメットさん」たちは大興奮でした。

知り合いのいる交通新聞にも掛け合い、「コメットさん」をテッセイの目玉として大々的にPRしてもらいました。

これまで「日陰の存在」だと思っていたテッセイという会社の仲間たちが、東京駅の駅長さんと話したり、メディアで報道されるのは、明らかにこれまでとは異なる「変化」でした。

しかし、大半のスタッフにとっては、まだまだ「ひとごと」にすぎませんでした。

✦働きやすい環境を整える

矢部さんが着任して、約270日が経ちました。

テッセイの経営計画の策定に初めて携わった矢部さんは、「新しいトータルサービスをめざして」というテーマを打ち出しました。

それまでの経営計画では毎年の主題が明確になっておらず、毎年似たような内容を繰り返しているにすぎませんでした。

そこで、毎年全社で取り組むべきテーマを設定することにし、その最初のテーマとして「トータルサービス」というコンセプトを打ち出したのです。

テッセイに着任して以降、新たな「モデル」を具体的に見せるためにコメット・スーパーバイザーの強化に取り組んできましたが、テッセイが本当に変わるためには、会社の主力部隊である車両清掃を担う人たちの意識と行動を変える必要があります。

しかし、「清掃が仕事」と思い込んでいる人たちは、「トータルサービス」と言われてもちんぷんかんぷんでした。

「ホームで焼売《しゅうまい》売らなきゃいけないらしいよ……」

見当違いな噂が現場では囁かれ、不安と戸惑いがテッセイの現場を覆い始めました。

そうした現場に「トータルサービス」の実現に本気で取り組んでもらうために、矢部さんが最初に手を打ったのは、現場の環境整備でした。

新幹線を見上げる形になるプラットホーム下の通路

車両清掃を担当するチームは、プラットホーム下にある待機所で休憩をとったり、打ち合わせをしたりします。

　そうした待機所が十数部屋あるのですが、そこにはエアコンが十分には備えられていませんでした。清掃業務という身体を動かす大変な仕事なのに、休息をとる場所が快適でないなんて……。これでは仕事に支障をきたし、気分も盛り上がらないのは当然です。

　夏の暑い日、冬の寒い日などは特に身体にこたえます。働きやすい環境がなければ、現場スタッフの意識はプラスに転じません。そこで矢部さんは、すべての待機所にエアコンを4台ずつ設置したのです。

　その費用は総額800万円。テッセイにとっては大きな投資です。しかし矢部さんは、他の経営陣を説得し、現場の環境改善から取り組み始めたのです。

「今までいくら頼んでもダメだったのに……」

経営陣に対して諦めを感じ、冷めた目で見ていた現場のスタッフたちにとっては、大きなサプライズでした。

✦シンプルで分かりやすい組織に

矢部さんは組織再編にも乗り出しました。

当時のテッセイの東京駅の現場は、普通車の清掃を担当する東京クリーンセンターとグリーン車の清掃を担当するコメットクリーンセンターに分かれていました。

同じ車両清掃業務を行っているにもかかわらず、ベテラン中心の東京クリーンセンターと若手中心のコメットクリーンセンターには、縄張り意識などから、一部でいがみ合いもありました。社内の雰囲気はけっしてよくはなかったのです。

矢部さんは思い切って組織を統合し、東京クリーンセンター（現東京サービスセンター）

に一本化することにしました。「トータルサービス」はけっしてグリーン車という一部の業務を対象にしたものではなく、全社が一丸となって取り組む必要があることを分かってもらいたかったからです。

組織を統合した当初は、不満の声も聞こえてきました。今まで属していた組織がなくなってしまったのですから、ショックや不安を感じる人がいても不思議ではありません。

しかし、「トータルサービス」を実現し、新しいテッセイに生まれ変わるには、シンプルで分かりやすい組織に変え、全社がひとつにまとまることが大切だったのです。

✦イベントで一体感を高める

でも、環境の改善や組織再編だけでスタッフの意識や行動が変わるわけではありません。

「トータルサービス」を推進するには、会社全体で「トータルサービスとは何か」を考え、その実現のためにみんなで仕事の内容ややり方を変える地道な努力が不可欠です。

掛け声だけでは、会社は変わりません。

矢部さんはそのための新たな仕掛けを考え、実行に移しました。

まず最初に仕掛けたのが、「お客さまサービスジョイントラリー」と称するイベントです。「トータルサービス」の実践に向けた現場での具体的な取り組みを6チームが発表し、パネルディスカッションも行いました。そこには約100名ものスタッフが参加しました。

会場は飯田橋のホテルメトロポリタンエドモント。同じJR東日本グループのグループ会社とはいえ、こうした立派なホテルとは無縁だったスタッフたちは、驚くと同時に大喜びでした。

また、以前から行っていた車両清掃の技を競う「車両清掃競技会」を、大幅にリニューアルしました。以前はモックアップの車両を使用していたのですが、JR東日本にお願いし、新幹線の実車を借り切って行うという本格的なものに変えたのです。

2名が1チームとなり、約10チームが参加。応援も含めると、80名以上のスタッフが参加する大きなイベントとなりました。

どちらのイベントも、その主役はパート社員の人たちです。毎日、定められた仕事をコツコツと続ける多くのパート社員さんたちにとって、こうしたイベントはとても新鮮で、自分たちの役割・仕事とは何かを振り返る絶好の機会となりました。

そして、自分たちは「トータルサービス」という共通の目標を目指す仲間であり、ひとつのチームであることを確認する場ともなったのです。

✦やる気のある人を正社員に採用する

手応えを徐々に感じ始めた矢部さんは、次の一手を考えました。人事制度を変えることにしたのです。

テッセイでは全員がパート社員として入社し、仕事ぶりや実績によって正社員に採用することになっています。しかし、当時の制度だと正社員採用試験は「45～58歳でなければ受けられない」ことになっており、若い人たちは正社員になれませんでした。

センター所長などの現場長の推薦がなければ、正社員採用試験を受けられないことも問題でした。

「これでは会社は変わらない」

そう感じた矢部さんは、大胆な制度変更を経営陣に提案しました。それは「20歳以上でパート歴1年以上あれば、現場長の推薦がなくても自薦で正社員採用試験を受けることができる」という画期的なものでした。

矢部さんは、「やる気があり、能力の高い人はどんどん正社員に採用すべきだ。公平で透明性の高い制度にすれば、現場は活性化し、会社は必ずよくなる」と信じていたのです。

こうして若いパートの人たちにも公平な昇進機会が与えられ、やる気のある人にとって、テッセイは自己実現の場となったのです。

人事制度の変更以外にも、矢部さんは現場重視のさまざまな施策を実施しました。

たとえば、新しい制服への切り替えです。

矢部さんは、いくつかのデザインの中からどの制服を採用するかは、当時約60名いた主任の投票で決定することにしました。

また、主任という役割の重要性を認識してもらうために、肩書き入りの名刺をつくってもらうようなこともしました。

環境整備やイベントの実施、さらには制度変更など一連の施策は、テッセイで働くスタッフたちの「気持ちをつかむ」ためのものでした。

真面目に仕事はするけれど、会社に対する不信感や諦めが蔓延していた当時のテッセイでは、経営陣と現場の距離を縮め、ひとつにまとまるための「地ならし」がどうしても必要だったのです。

変革の「芽」を育てた1100日

✦「さわやか・あんしん・あったか」を目指して

矢部さんがテッセイに着任して、約600日が過ぎました。

平成19年度の開始と共に、矢部さんには強力な助っ人が加わりました。現取締役東京サービスセンター所長の柿﨑幸人さんがJR東日本から異動してきたのです。

異動前の柿﨑さんの職責は、上野新幹線第2運転所の所長。つまり、鉄道の「花形」である新幹線運転士のリーダーです。柿﨑さん自身も長年新幹線の運転手を務めてきました。

矢部さん同様、柿﨑さんもそれまでテッセイとは直接的な関わりはありませんでした。しかし、矢部さんに請われ、テッセイをよくするために移ってきたのです。

信頼できる右腕が登場し、矢部さんは改革にさらに力を入れ始めました。

平成19年度の経営計画のテーマは、「新しいトータルサービスをめざして」という平成18年度と同じテーマを再び掲げました。

「トータルサービス」という大目標を実現するためには、ぶれずに継続的に同じテーマを言い続けることが大切だと考えたからです。

ただし、副題として「みんなで創る『さわやか・あんしん・あったか』サービス」というフレーズを付け加えることにしました。

「トータルサービス」という言葉だけでは、具体的なサービス内容がイメージできなかったのではないか、という反省からでした。

より具体的に分かりやすく理解してもらうために、「さわやか・あんしん・あったか」を打ち出したのです。今ではこの言葉はテッセイの代名詞として現場に定着しています。

✦「思い出」創成委員会のスタート

矢部さん、柿﨑さんは「さわやか・あんしん・あったか」を具体的な活動に落とし込むために、「思い出」創成委員会という新たな仕掛けをスタートさせました。「さわやか・あんしん・あったか」を実現するための現場の意見やアイデアを吸い上げ、経営陣と現場が一緒になって具体的なアクションを議論する「場」を用意したのです。

「思い出」という言葉には、「『思い出』というお土産をお客さまにお持ち帰りいただきたい」という気持ちが込められています。

ＪＲ東日本の新幹線利用客は1日26万人。東京・上野駅だけで15万人にも上ります。そうしたお客さまへ、さわやかな空間、あんしんのサポート、あったかな応対を提供することで、「思い出」を生み出す。「私たちはそんな会社を目指すんだ」という気持ちを共有するための、委員会のスタートでした。

単なる「清掃の会社」から「おもてなしの会社」へと進化する具体的な動きが、ここから始まったのです。

主任会議では現場の知恵をどんどん出し合う

委員会には「トイレ」、「エンジェル」、「車両出来栄え」、「ホーム・コンコース」という4つの分科会を設置。主事や主任クラスの人たちが中心となり、それぞれ約20名ほどのスタッフが参加。「さわやか・あんしん・あったたか」を実現するための熱心な議論が繰り広げられるようになりました。

「エンジェル」とは現場でコツコツと頑張っている「天使」のような人、を表現したネーミングです。このネーミングが「エンジェル・リポート」へとつながっていきました。

✦主任たちが会社を引っ張る

「思い出」創成委員会を柱とした新たな取り

組みを引っ張ったのは、現場リーダーである主任たちです。特に、女性主任たちの活躍には目覚しいものがありました。

当時主任だった諸田いみ子さん（現在は主事）は、平成9年の入社。茨城弁が持ち味の「おふくろさん」的存在です。

会社の大きな変化を見てとった諸田さんは、現場での「スモールミーティング」に力を入れました。仕事の合間のちょっとした時間を使って、スタッフとのコミュニケーションを意識的に増やしたのです。

会社の方向性を伝える一方で、スタッフ一人ひとりと真正面から向き合い、現場の声を吸い上げる。諸田さんのような主任たちが、経営陣と現場をつなぐ「架け橋」として機能し始めました。

エンジェル・リポートNO.4で触れたエピソードについて、矢部さんが教えてくれました。

矢部さんがある若いスタッフの態度が気に入らず、当時主任だった小山文江さん（現在は主事）に「彼はいったいなんなんだ。どうもはっきりしないヤツだな！」とぼやいたそうです。

それに対し、小山さんはこう答えました。

「矢部さん、あの子は他にいいところがあるのよ。長い目で見てやって」

矢部さんは大いに反省するとともに、スタッフ一人ひとりをきちんと見て、育てようとしている主任たちに、大きな変化を見てとりました。

スタッフに「母親」のように接する一方で、主任たちは、仕事にはいっさいの妥協を許しませんでした。特に、サボりや手抜きには厳しく接しました。

テッセイの会議室には、主任研修の際の新任主任の決意表明文が貼り出されています。それぞれが自分の言葉で自らの決意を述べています。

その中のひとり、岡田きよ子さんはこう宣言しています。

「鬼姫主任になる！　うっとおしい主任になる！」

そこには、「清掃の高い品質を担保し、お客さまに喜んでいただくためには、時に厳しく接する」というプライドと覚悟が表れています。

現場リーダーである主任たちが動き出すことによって、スタッフの意識と行動も少しずつ変わり始め、会社がひとつの方向に向かって動き始めていきました。

✦小集団活動、提案活動のテコ入れ

「思い出」創成委員会の立ち上げと同時に、小集団活動、従業員提案活動の強化にも取り組み始めました。小集団活動や従業員提案活動は以前から行っていたのですが、マンネリ化し、現場には「やらされ感」が漂っていたのです。

こうした活動をもう一度活性化させることで、「知恵を生む現場」になる。「さわやか・あんしん・あったか」を現場主導で進めるためには、こうした「草の根」的な活動こそがとても大切だったのです。

小集団活動は、1サークル5～8名で構成されます。活動期間は約6カ月。登録制ですが、毎年じわじわと増え、23年度は42のサークルが活動しています。20年度には34でしたから、その数は確実に増え、その取り組みの質も格段に上がっています。

従業員提案活動はちょっとした気付きに基づく提案を、提案箱に入れてもらう仕組みです。個人主体ですが、中には3～4名のグループで提案するケースもあります。

提案件数は毎年飛躍的に増加、19年度には157件だったのが、23年度にはなんと993

件。6倍以上の実績となりました。

これらの数字を見るだけで、テッセイの現場の意識の変化が見てとれます。

✦『スマイル・テッセイ』の誕生

『スマイル・テッセイ』という素敵な社内教育用の冊子も、ある小集団活動から生まれました。『スマイル・テッセイ』はテッセイで仕事をする上での心構えを分かりやすく解説した、50ページほどの冊子です。

「テッセイが目指しているものは何か」「そのために何を大切にしているのか」などが、とても平易な言葉とイラストでまとめられています。テッセイにおける「心のバイブル」といってもいいかもしれません。

この冊子は平成19年度の小集団活動から誕生しました。現在、主事を務めている北野敬子さんたち7名のサークル「ほっとスマイル」が、「新人たちにテッセイの〝心〟を教えるテキストのようなものが欲しい」という現場のニーズからスタートし、つくり上げたものです。

それまで、清掃業務を教えるための「手順書」はありましたが、仕事をする上での心構え

テッセイの心を教える『スマイル・テッセイ』

を指導するためのテキストはありませんでした。そのため、指導する側の熱意とコミュニケーション能力によって、指導内容や方法もバラバラだったのです。

しかし『スマイル・テッセイ』ができたことで、現場での「心の教育」に一本芯が通り、ぶれない指導ができるようになったのです。

小集団活動の成果は、テッセイの柱である車両清掃業務の改善にも大いに活かされています。

たとえば、「大きなバケツを持ってホームを歩くのは、見栄えがよくない。なんとかできないか？」という現場の気付きからスタートし、バケツ廃止を実現したサークルがあります。清掃用具用バッグに収納できる小型の

「スマイル・テッセイ」の勉強会

水入れを工夫し、バケツ代わりにすることで解決しました。

別のサークルでは、「車内のお客さまの忘れ物を、清掃用具用バッグに入れたまま忘れてしまうことがある。なんとかならないか？」という問題が提示されました。みんなでアイデアを出し合った結果、忘れ物を収納するケースに鈴をつけ、その鈴を清掃用具用バッグの外に垂らしておくという解決策に行き着きました。鈴が鳴れば、忘れ物が入っていることに気付くからです。

一つひとつは小さなアイデアですが、こうした小さな改善が積み重なって、仕事のやり方や仕組みは進化し、サービスの品質は確実に向上していきます。

自分たちのアイデアや知恵で「さわやか・あんしん・あったか」が実現できると気付いたテッセイの現場は、「考える現場」「知恵を生む現場」へと飛躍的に変わり始めたのです。

✦親会社を動かす

テッセイの現場の気付きは、テッセイ社内にとどまらず、親会社であるＪＲ東日本も動かし始めました。

車両清掃やホームやコンコースでの案内に携わっているテッセイの現場には、時には業務範囲を超えるようなお客さまの要望や意見が入ってきます。

今までであれば、「そう言われても……」、「それはムリ……」と諦めていましたが、「さわやか・あんしん・あったか」を目指し始めたテッセイの現場は、なんとかそれに応えようと動き始めました。

「自分たちは『サイレント・カスタマー』（声を上げないお客さま）の代弁者でなくてはならない」。そうした意識が、テッセイの現場に芽生えてきたのです。

その代表例が、東京駅新幹線コンコース内のベビー休憩室の設置でした。授乳やおむつ替えの場所がなくて困っているお客さまが多いことに気付いた現場の声が、親会社であるJR東日本に届き、設置に結びついたのです。

ベビー休憩室の脱臭材として、休憩室の前にあるコーヒーショップからコーヒーの出しガラをもらい、活用するというアイデアもテッセイの現場から生まれてきました。

これ以外にも、駅内トイレの改良や多機能トイレの新設にも、テッセイの現場の声が活かされています。さらには、新型新幹線E5系「はやぶさ」を設計する段階で、現場をよく知っているテッセイの声が聞きたいという要望がJR東日本側から出され、その基本設計に活かされています。

テッセイの知恵は、テッセイを超えて活かされています。

✦安全強化の取り組みを徹底させる

「知恵を生む現場」への変身を進める一方で、安全強化の取り組みにも着手しました。

鉄道に安全は欠かせません。中心業務が車両清掃だからといって、安全は関係がないというわけにはいきません。

実際、矢部さんがテッセイに着任する前後の平成16年度、17年度には、それぞれ18件もの事故が起きているのです。中には、2階建て車両の階段から転落し、骨折するなどの重大事故も発生しています。

安全の専門家である矢部さんにとって、これは許容できない事態でした。ちょっとした気の緩み、不注意が事故につながります。

矢部さんは安全確保のために一人ひとりが声を出し、声を掛け合う「セイフティコール運動」を導入、セイフティコール・リーダー、サブリーダーを任命し、現場での徹底に取り組みました。

その効果はすぐに表われ始めました。

毎年20件近かった事故件数が、平成18年度には12件に、さらに平成19年度以降はひと桁台の発生へと着実に減っていったのです。

さらに、現場の目線で安全が懸念される事項を申告する「マイヒヤット&マイ対策」作戦にも力を入れ、事故の未然防止にも取り組み始めました。マイヒヤットとは「私の冷やっとした体験」を表す言葉です。

この「マイヒヤット」も、矢部さんが着任した平成17年度には300件程度だった件数が、

清掃終了時の一礼

平成20年度には1200件を超えるまでになりました。

✦到着時の一礼の持つ意味

テッセイでは以前から新幹線がホームに到着する際に、きちんと整列し、新幹線が来る方向を見つめ、一礼をして迎えるということをルール化していました。その姿を見ると、「マナーがよくて、気持ちがよい」と感じる人も多いでしょう。

しかし、一礼の真の目的は、安全のためです。

何百トンという重さの新幹線が、時速30～70キロのスピードで走ってきます。人間が接触したら、ひとたまりもありません。そうした事故を起こさないためにも、整列して新幹線を出迎えることが大切なのです。

しかし、平成19年度の頃は、そのルールが徹底されていませんでした。私語を交わしたり、整列や一礼もおざなりになっている人もいました。

「どうせやるんなら、本気でやろうよ」

現場からそうした声が自然と上がってきました。そして、主事、主任クラスが中心となって、一礼の徹底の取り組みが始まったのです。

この取り組みの波及効果は、それだけにとどまりませんでした。「新幹線到着時だけでなく、清掃終了時にも整列して、待っていただいたお客さまに一礼をしよう」、「入退場の時は、一列に整列して移動しよう」などのアイデアが出され、次々と実行されていきました。

「清掃が仕事なのに、どうしてそんなことをしなくてはいけないの!」

現場からはそんな声も上がってきました。

しかし、当時主任だった荻小田ユウ子さん（現在は主事）たちが中心となり、一礼の意義を粘り強くスタッフたちに語りました。そうした努力が実を結び、スタッフの多くは納得し、取り組みの輪が広がっていったのです。

✦「エンジェル・リポート」の始まり

「エンジェル・リポート」の取り組みが始まったのは、平成19年4月からです。

現場でコツコツと頑張っている人、よい取り組みをしている人を埋没させずに、きちんと浮かび上がらせ、その努力や頑張りを認め、褒める仕組みが必要だと矢部さん、柿﨑さんは考えたのでした。

車両清掃はとても地味で、目立たない仕事です。すごく汚れている状態からスタッフの努力できれいな状態に戻しても、「それが当たり前」と思われてしまいます。

現場の努力や知恵を浮かび上がらせる仕組みがなければ、埋もれたままです。

テッセイには以前から「エンジェルノート」というノートが存在していました。日々の業務の中で、主任たちが気付いたことを書き記すためのものでしたが、単なる連絡帳のようなものにすぎませんでした。

「さわやか・あんしん・あったか」とはどういうことなのかを一人ひとりが考え、実践してもらうためには、よい取り組みの具体例を示し、それを実践した人を褒める仕組みが不可欠

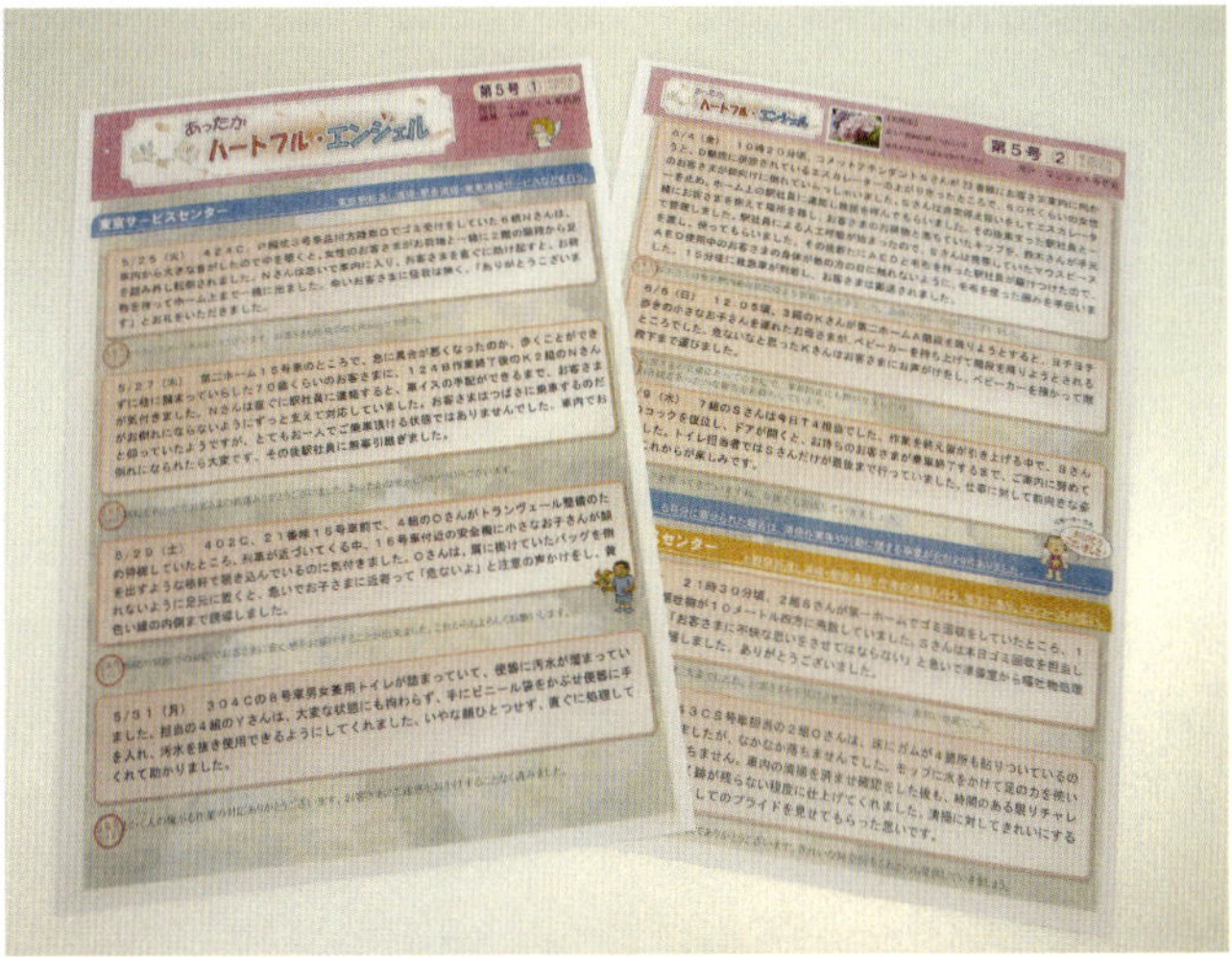

仲間を褒める「エンジェル・リポート」

でした。そこで生まれたのが、「エンジェル・リポート」でした。

　エンジェル・リポーターは現場スタッフ一人ひとりの行動を把握している現場リーダーである主任たちが務めることになりました。業務運営だけでなく、スタッフのよいところを探し、褒めるのが主任の大切な仕事として加わったのです。

　当初は、何を褒めるのかに戸惑う主任もいました。「こんなことまで褒めるの？　こんなことやって当たり前でしょ」と感じてしまうのです。

　しかし、やがて主任たちはたとえ小さなことでも、ちゃんと気付いて、褒めてあげることが、個人の成長にとっていかに大切かを認識し始めました。

「エンジェル・リポート」は職場の壁に貼られ、誰でも見られるようにしました。さらには、社内のPC上での配信も始めました。

誰かが見てくれている、気付いてくれる。それが現場のスタッフのやりがいにつながっていきました。

「エンジェル・リポート」を開始して4年目の平成22年度には、2600件のリポートが報告されました。平均すると、毎日7件以上のリポートが現場から上がってきています。

その対象者は564名に上ります。全社員約820名の内、実に7割以上のスタッフが「エンジェル・リポート」の対象となり、その取り組みや努力が認められ、褒められているのです。

さらに矢部さんと柿﨑さんは、よい取り組みを習慣化するには、「エンジェル・リポート」で褒めるだけでなく、会社として正式に表彰することにしました。

個人表彰は、月間、半期、年間の3つに分けて、こまめに、できるだけ多くのスタッフを表彰するよう工夫しました。

月間表彰は毎回12~13名、金額は1000円。半期部長表彰は3種類のカテゴリー別に各5名。金額は5000円としました。

そして、最高の栄誉である年間優良従業員表彰は20名程度。金額は3～5万円。自分の頑張りが認められ、みんなの前で表彰されるのは、少し照れくさいけど、実に晴れがましいことです。「縁の下の力持ち」の仕事でも、ちゃんと見てくれている人がいる。現場のスタッフは仕事のやりがいを感じ始めていました。

「幹」を育てた700日

✦風土・文化にまで高める

矢部さんが着任して約1730日、柿﨑さんが着任して約1000日が経過しました。さまざまな取り組み、制度変更・導入などによって、テッセイはまったく別の会社に生まれ変わり始めました。

全員とはまだ言えませんが、多くの管理職、スタッフたちが同じ方向を向いてくれていると矢部さん、柿﨑さんは感じることができるようになりました。手探りで始めた「トータルサービス」「さわやか・あんしん・あったか」という理念に心から共感し、一人ひとりがそれを実践しようとしている姿を見て、確かな手応えを得ていました。

大切なのは、ここで気を緩めることなく、この流れを定着させ、会社の風土・文化にまで高めることです。

平成22年度は東北新幹線が新青森までつながり、全線開業する記念の年でした。そこで、この年の経営計画のテーマの副題は、「新青森開業に向けたギアチェンジ」と命名しました。新たなことに手を出すのではなく、これまで取り組んできたことによりいっそう腰を入れて取り組み、本物に磨き上げることが大切だと考えたのです。

安全については、「セイフティコール・ありがとうキャンペーン」「セイフティ・スモールミーティング」を実施し、安全に関する現場の自発的な取り組みを定着させる取り組みに力を入れました。

「エンジェル・リポート」の取り組みでは、「よいことをしている人を褒める」だけにとどまらず、「よく褒めた人を褒める」ために「ほっと・ぬくもり賞」という新たな賞を新設。年に6名程度を表彰し、「褒める文化」を定着させる試みを始めました。

車両清掃業務においても、さらなる進化、高度化を進めています。

平成23年3月のE5系「はやぶさ」の運行開始に伴い、グランクラスの清掃が始まりました。それに対応するため、東京サービスセンター内にグランクラス担当課を新設。より質の高い清掃業務の開発にも取り組み始めました。

✦季節にちなんだキャンペーンの定着

テッセイのスタッフたちは自分たちの「演出」にも工夫を凝らし始めました。柿﨑所長をはじめとする男性スタッフが、蝶ネクタイの着用を始めたのは平成21年度のことです。「清掃の仕事に蝶ネクタイ?」と違和感を覚えた人もいました。でも、柿﨑さんは「おもてなしの会社」であることを、お客さまに伝えるひとつの手段だと考えたのです。

その年の夏に「ポケモン新幹線」が運転された際には、一部のスタッフはポケモンのTシャツを着て、業務を行いました。子ども連れのお客さまたちからとても喜ばれ、反応は上々でした。

「自分たちが身にまとうもの、ちょっとした小物で、お客さまはとても喜んでくれる」テッセイの現場はそのことに気付きました。

浴衣でお客さまをご案内するキャンペーン

それから、日本の四季を感じられるようなちょっとした工夫をして、お客さまに喜んでもらおうという動きが自然と生まれてきたのです。

それを牽引したのが、当時東京サービスセンターの担当課長だった小島清さん（現上野サービスセンター課長）、副課長の小柳幸夫さんたちでした。「会社を楽しもう！」という柿﨑さんの思いを受け止め、さまざまなキャンペーンを現場と共に考え始めました。

その年のクリスマスには、スタッフはサンタクロースの格好で登場しました。清掃の会社とは思えない奇抜な発想でしたが、お客さまの反応は予想以上でした。

平成22年以降は、春には桜の花を帽子に飾る、夏は浴衣姿で接客するなど、現場のアイデアをもとにしたキャンペーンを次々と展開していきました。

矢部さんも逡巡するようなアイデアもありましたが、柿﨑さんが「現場の意向を尊重したい」と推進役に回り、実施に踏み切りました。テッセイの「遊び心」はお客さまに伝わり、お客さまの反応によって現場がさらに元気になるという好循環を生み出しています。

こうしたキャンペーンは、安全の面でも大切だと認識されています。キャンペーン中は事故がないのですが、キャンペーンが終わると、ちょっとした気の緩みからか、事故が起きることが多いのです。キャンペーンはスタッフの心の張りにもつながることがわかったのです。お客さまに喜んでいただき、安全も確保した上で、現場が活性化する。キャンペーンの効果は予想以上に大きいものとなっています。

✦多くのメディアが注目

清掃会社らしからぬテッセイの取り組みは、多くのメディアや団体の関心を集めていますが、実は最初に関心を持ったのは海外でした。

平成20年度に国際鉄道連合（UIC）の会合が日本で開かれ、その分科会のメンバーたちがテッセイを視察に訪れたのです。また、同じ年にドイツ国営テレビが取材にやって来ました。

さらには、映画俳優で前カリフォルニア州知事のアーノルド・シュワルツェネッガーさんや米国のラフード運輸長官までもが視察に訪れました。

「海外からこんな有名人が視察に来るなんて……」

自分たちの取り組みが注目を集めていることに、スタッフたちはびっくりしました。

それ以降、国内のテレビ朝日やTBSの番組でも取り上げられ、『週刊ダイヤモンド』や『週刊東洋経済』など数多くのビジネス誌でも紹介されました。平成23年3月の『日経ビジネス』誌では、「最強のチーム」として表紙を飾りました。

メディアに登場するスタッフたちは、気恥ずかしさを感じながらも、自分たちがやってきたことは間違っていなかったと自信を深めていきました。

✦ 涙の見送り

平成23年3月11日。東日本大震災が発生しました。

大震災直後にスタートした平成23年度経営計画のテーマは、「活かせ！　震災復興へTESSEIのチーム力」。

まさにテッセイの底力が試されていました。

東北方面への新幹線はすべてストップ。しかし、すべての新幹線が止まっていたわけではありません。上越新幹線、長野新幹線は動いていたのです。

車両清掃や混乱するホームやコンコースでの対応のため、人手を確保しなくてはなりません。テッセイの多くのスタッフは、徒歩や自転車を使って出勤しました。そこにはJR東日本グループ企業としての使命感がありました。

4日後の3月15日。東北新幹線は那須塩原までの折り返し運転を再開しました。那須塩原駅での折り返し清掃を担当するために、テッセイは毎日40名のスタッフを那須塩原に送り出すことになりました。

余震が続き、放射能が心配される中で、テッセイのスタッフたちは自分たちの責務を果たすために、毎日那須塩原に向かいました。その延べ人数は2000名にもなります。

矢部さん、柿﨑さんは毎日、ホームでスタッフたちを見送りました。新幹線が見えなくなるまで、手を振り続けました。

被災者の方々も、そして自分たちも「がんばるぞ！　日本」キャンペーン

二人の眼には涙が光っていました。

那須塩原駅での業務を率いるために、インストラクターが毎日同行しました。そして、折り返し清掃業務の合間の時間を使って、新人スタッフを対象に『スマイル・テッセイ』を使った自主的な勉強会を開きました。

それは矢部さんや柿﨑さんの指示ではありませんでした。

「大震災という大変な時だからこそ、テッセイの使命・役割とは何かを伝えたい」

現場のリーダーたちが、自らの意志で、自らの言葉で語り始めました。テッセイの現場は自走を始めたのです。

✦さまざまなチャレンジ

被災地を応援するさまざまな施策が実行されました。制服に応援エンブレムをつけたり、ホームで応援ポストカードを配るなど、現場目線での地道な活動を開始しました。

車両清掃中に扉にぶら下げる「作業中」を知らせる札には、「がんばるぞ！　日本」の文字を付け足しました。多くのお客さまがその言葉を目にし、勇気をもらっています。

さらに、テッセイという会社としてできることを考え、義捐金を募集したり、被災者を対象とした求人を実施したりしました。

こうした復興支援に加えて、新たな挑戦も続けています。お客さまへのご案内を効果的に行うために、タブレット端末の使用を開始。「コメットさん」が活用しています。

また、まだ試行段階ですが、「お掃除ロボ」の活用も検討しています。

人材教育にもさらに力を入れています。田端に新たな研修施設をオープン。最新型の新幹線E5系搭載の実物の設備を導入し、清掃技術の向上に磨きをかけています。

さらには、東京サービスセンター担当課長だった小島さんや人づくりに定評のある主事、

「エンジェル・ワールド」と「デビル・ノート」

今村尚子さんらが中心となって、「ノリ」がよくなる言葉を意識的に使おうと、「みんなでのりGO!」大作戦を展開しています。「ノリ」がよくなる言葉を記載したノリ語集「エンジェル・ワールド」、「ノリ」が悪くなる言葉を例示したノリません語集「デビル・ノート」という2冊の小冊子を作成し、主任以上に配布しています。

なにげない言葉の使い方に気をつけて、スタッフを盛り立て、チームを活性化させようとする取り組みです。言葉の力によってテッセイはさらに強いチームへと進化しています。

新たなステージに向かう100日

✦真の自律化を目指して

平成24年度が始まりました。経営計画のテーマは「ワクワク・ドキドキ新幹線劇場・Enjoy with TESSEI!!」と命名しました。

Enjoy with TESSEI!!という言葉には、矢部さん、柿﨑さんの新たな思いが込められています。現場で働く一人ひとりが、テッセイという会社で働くことを心の底から楽しむ、「真の現場主導の会社にしたい」という強い思いがあるのです。

この7年間の取り組みで、テッセイの現場は見違えるほど活性化しました。しかし、それは経営者や本社が「お膳立て」をし、新しい流れをつくり、その流れに現場が乗っかったことによって生まれたものでした。

言い方を変えれば、本社主導でつくったボトムアップの動きです。だから矢部さんは、「まだまだ本物じゃない」と考えています。

このステージからさらに一歩進め、真の現場の自律化を実現したい――これが矢部さんの思いです。お客さまのために何をすべきか、もっとよい会社になるためにはどうしたらよいのかを、一人ひとりが真正面から考え、知恵を出し、協力し合いながら実行していく。そして、それを楽しむ。

そんな新たなステージへ向かう第一歩が始まったのです。

✦みんなのプロジェクト

矢部さんがそのために打ち出したのが、「みんなのプロジェクト」委員会。これまでのテッセイの取り組みの柱であった「思い出」創成委員会は、その役割を終え、発展的に解消しました。

「みんなのプロジェクト」という名前には、一人ひとりが主役であること、テッセイがよりよい会社になるためにはみんなの力が必要だという意味が込められています。

このプロジェクトでは、現場への大幅な権限委譲を行いました。

これまでは、現場からよいアイデアが生まれても、それを実行に移すためには本社での審議・承認が必要でした。

答えが出るまでに時間がかかったり、待たされた挙句にNOの答えが出ることもありました。それでは、現場のやる気も萎えてしまいます。

そうした弊害をなくすために、現場を取り仕切る現場長に一定の予算と権限を与え、現場のアイデアに即座に対応できるようにしたのです。これによって、大規模な予算を伴うものでなければ、それぞれの現場で判断し、実行に移すことができます。

「褒める」仕組みも、それぞれの現場での独自性を認めるようになりました。

人員構成や抱えている悩みは、現場によって異なります。「褒める」をどのように活用すべきかは、それぞれの現場長が一番よく知っています。その現場長が自分たちの事情に合わせて運用できるよう、制度を変更したのです。

テッセイは求心力から遠心力を軸にした組織運営に変えようとしています。そのためには、これまで以上に現場を信頼し、自由度を与えることが必要だと考えたのです。

✦続けるべきものは愚直に続ける

こうした大胆な変更の一方で、テッセイは、これまでに培ってきた地道な取り組みはこれからもずっと続けようとしています。

「エンジェル・リポート」にはこれまで同様、力を入れています。小集団活動は「じっくり」プロジェクト、従業員提案活動は「いつでも」プロジェクトと名称を変え、さらなるレベルアップを目指しています。

テッセイがもうひとつ大切にしているものがあります。それは学生たちへの職場体験研修を通じた社会貢献です。

中学生や高校生に実際に清掃の仕事を体験してもらい、仕事とは何か、働くとは何かを考えてもらう機会を提供しているのです。

最初に訪ねてきたのは、岐阜県七宗町立神渕《かぶち》中学校の生徒さんたちでした。生徒たちに清

南アフリカ共和国から訪れた見学者の方々

掃体験を積ませたいという校長先生の思いから、平成20年に実現しました。それ以来、5年連続で神渕中学校の生徒さんたちを受け入れています。

それ以外にも、都内や愛知県の中学生さんたちがテッセイで、職場体験研修を受けています。清掃の奥深さ、チームワークの大切さを認識する貴重な体験となっています。

驚くことに、海外からの研修希望者もいます。アメリカの名門・スタンフォード大学やフランスのエセック大学の学生たちも、制服に着替え、清掃の研修を受けています。日本の礼の文化に触れ、驚いていたそうです。

経営は「常」と「変」のバランスが命です。変えるべきものは大胆に変える一方で、変えてはいけない常なるものは、愚直に継続することが大切です。

テッセイにおいても、これまでに培ってきた草の根的な活動を絶やさぬよう新たな工夫を施しています。

✦新社名をみんなで決める

テッセイは平成24年10月20日に創立60周年を迎えます。それを機に、社名変更を検討しています。

テッセイという愛称は残しつつ、テッセイの新たな使命、役割がわかりやすく伝わる社名を打ち出す予定です。

その新社名も社内の公募で案を募りました。応募者は278名。ひとりで複数の案を出した人もいるので、件数は513件にも上りました。中には、ロゴマークの提案までありました。

約820名の社員（パート社員を含む）の34％、実に3人に一人が応募したことになります。しかも、パート社員の応募者が138名。全応募者の半数がパート社員です。

誰かひとりが独断で決めるのではなく、みんなで考え、アイデアを出し、決めていく。そして、そのプロセスをみんなで楽しむ。新社名の決定は「みんなのプロジェクト」の象徴的な取り組みとなりました。


2500日の「物語」は、けっして平坦なものではありませんでした。

でも、安易に近道を目指さず、一歩一歩時間をかけて歩んできたからこそ、テッセイらしい人材が育ち、テッセイはチームとしてたくましくなっていったのです。

作家・城山三郎氏が座右の銘にしていた言葉が思い浮かびます。

「静かに行く者は健やかに行く。健やかに行く者は遠くまで行く」

Enjoy with TESSEI! を合言葉に、「新幹線劇場」は新たなステージへと歩み出しています。

おわりに　リスペクトとプライド

テッセイという会社は「普通の会社」です。けっして「特別な会社」ではありません。でも、この本を読んでいただいた方はおわかりの通り、ただの「普通の会社」でもありません。テッセイは「キラキラ輝く普通の会社」です。

ここに、テッセイが注目を集める大きな理由があると私は思っています。やっている仕事の中心は清掃業務。けっして憧れの仕事ではありません。働いている人たちも、バリバリの高学歴エリート社員はほとんどいません。複雑な人生を背負い、ようやくテッセイに辿り着いた人も数多くいます。

ＪＲ東日本のグループ会社という安定した会社ではあるものの、いわば「下請け」の仕事です。

そうした会社では、社員たちは従属的な関係のなかで与えられた仕事だけを、淡々とこなすだけになりがちです。通常であれば、「キラキラ輝く」とは程遠い要素ばかりが目につくところですが、そうした立場にある会社がこれほど活性化し、イキイキしているところに、みんなの大きな関心が集まるのでしょう。
「普通の会社」でもやり方次第で、こんなに輝くことができる。テッセイはそのお手本を示していると言えます。

それを実現するために、テッセイではさまざまな仕掛けを講じてきました。試行錯誤しながら、一歩一歩手探りで歩んできました。そこには、他の会社にとってもヒントとなるような知恵やアイデアが数多くあります。

しかし、表面的な施策や仕掛けだけを真似ても、テッセイのように「キラキラ輝く」ことはできないと、私は思っています。

テッセイという会社の輝きを根っこで支えているのは、「リスペクト」と「プライド」です。

テッセイでは、矢部さんや柿﨑さんをはじめとする経営陣、管理職たちの、現場をリスペクトする心、気持ちが、現場に伝わり、浸透しています。「現場こそが主役であり、価値を生み出す源泉だ」と信じ、尊重する姿勢がなければ、現場の輝きなど生まれようもありません。

親会社であるＪＲ東日本も、鉄道事業を現場で支えてくれているテッセイのようなグループ会社を、とても大切にしています。現場に対するリスペクトは、輝く現場を生み出す起点なのです。

リスペクトを感じた現場は、実行主体としてのプライドをもち、意欲的に仕事に取り組み始めます。よりよくするための知恵やアイデアも、プライドから生まれてきます。

さらに、テッセイの場合、現場の頑張りをお客さまたちがとても高く評価していますす。お客さまのリスペクトが、テッセイの現場の意欲をさらに掻き立てています。

強い現場、輝く現場に共通するのは、自主性、自発性、自律性です。これらを生み出し、定着させるために不可欠な要素が、リスペクトとプライドなのです。この二つがお互いに影響を及ぼし合い、好循環を生み出したとき、「普通の会社」は「キラキラ輝く普通の会社」へと変身するのです。

この1年間、この本の取材や学生たちの見学に同行して、何度もテッセイを訪問させてもらいました。その数は10回近くになります。

毎日の多忙な業務に追われるなか、度重なる取材を快く受けていただいた矢部輝夫専務、柿﨑幸人取締役、そして心温まるエピソードを披露していただいた社員の皆様に、心からお礼申し上げます。また、テッセイをご紹介いただいたJR東日本・石司次男副社長にも感謝いたします。

『未来のスケッチ』に続き、今回の企画を自らご担当いただき、とても素敵な本に仕立てていただいたあさ出版の佐藤和夫社長にはお礼の言葉もありません。また、取材・執筆に全面的にご協力いただいた森綾さん、素敵なイラストで泥臭い内容の本を「キラキラ輝く」本に変えていただいた須山奈津希さん、カバーをデザインしてくださった八木美枝さん、そして秘書の山下裕子さんにも、心より感謝申し上げます。

テッセイのように「キラキラ輝く普通の会社」が、もっともっとたくさん誕生することが、日本を元気にすることだと信じています。

遠藤　功

著者紹介

遠藤 功（えんどう・いさお）

早稲田大学ビジネススクール教授。株式会社ローランド・ベルガー会長。

早稲田大学商学部卒業。米国ボストンカレッジ経営学修士（MBA）。

三菱電機株式会社、米系戦略コンサルティング会社を経て、現職。

早稲田大学ビジネススクールでは、経営戦略論、オペレーション戦略論を担当し、現場力の実践的研究を行っている。

また、欧州系最大の戦略コンサルティング・ファームであるローランド・ベルガーの日本法人会長として、経営コンサルティングにも従事。戦略策定のみならず実行支援を伴った『結果の出る』コンサルティングとして高い評価を得ている。カラーズ・ビジネス・カレッジ学長。中国・長江商学院客員教授。株式会社良品計画社外取締役。

主な著書に『現場力を鍛える』『見える化』『ねばちっこい経営』（いずれも東洋経済新報社）、『MBA オペレーション戦略』（ダイヤモンド社）、『企業経営入門』『「日本品質」で世界を制す！』『伸び続ける会社の「ノリ」の法則』（いずれも日本経済新聞出版社）、『競争力の原点』『日本企業にいま大切なこと』（いずれもPHP 研究所）、『未来のスケッチ』（あさ出版）、『課長力』（朝日新聞出版）、『経営戦略の教科書』（光文社）などがある。

『現場力を鍛える』はビジネス書評誌『TOPPOINT』の「2004 年読者が選ぶベストブック」の第1位に選ばれた。『見える化』は2006 年（第6回）日経 BP・BizTech 図書賞を受賞。

新幹線《しんかんせん》お掃除《そうじ》の天使《てんし》たち
「世界一《せかいいち》の現場力《げんばりょく》」はどう生《う》まれたか？

〈検印省略〉

2012年 8 月 28 日 第 1 刷発行

著 者——遠藤 功（えんどう・いさお）
発行者——佐藤 和夫

発行所——株式会社あさ出版
〒171-0022 東京都豊島区南池袋 2-9-9 第一池袋ホワイトビル 6F
電 話 03 (3983) 3225 (販売)
03 (3983) 3227 (編集)
F A X 03 (3983) 3226
U R L http://www.asa21.com/
E-mail info@asa21.com
振 替 00160-1-720619

印刷・製本 (株) 光邦
乱丁本・落丁本はお取替え致します。

facebook http://www.facebook.com/asapublishing
twitter http://twitter.com/asapublishing

ISBN978-4-86063-547-3 C2034